“十四五”职业教育系列教材

城市轨道交通售检票系统

主 编 赵 丹 何广宁
副主编 曲鸣飞 张 鑫 李亚萍
参 编 郑发跃 邱利军 张天擎 陶 砂
主 审 米玉琴

中国电力出版社
CHINA ELECTRIC POWER PRESS

内 容 提 要

本书从自动售检票系统专业的角度出发，对于票卡、自动售票机、人工售/补票机、自动检票机、运营辅助设备、车站计算机及中央计算机系统进行了介绍，尤其结合具体案例重点介绍了自动售检票系统常见故障现象及处理流程。

本书可作为轨道交通相关专业的学生教学用书，也可作为轨道交通专业人员的培训教材和参考资料。

图书在版编目(CIP)数据

城市轨道交通售检票系统/赵丹，何广宁主编；曲鸣飞，张鑫，李亚萍副主编．--北京：中国电力出版社，2024.11

ISBN 978-7-5198-8421-5

Ⅰ.①城…　Ⅱ.①赵…②何…③曲…④张…⑤李…　Ⅲ.①城市铁路-旅客运输-售票-铁路自动化系统-职业教育-教材

Ⅳ.①U293.22

中国国家版本馆 CIP 数据核字(2023)第 238645 号

出版发行：中国电力出版社
地　　址：北京市东城区北京站西街 19 号(邮政编码 100005)
网　　址：http://www.cepp.sgcc.com.cn
责任编辑：李　莉（010－63412538）
责任校对：黄　蓓　于　维
装帧设计：赵姗姗
责任印制：吴　迪

印　　刷：北京天泽润科贸有限公司
版　　次：2024 年 11 月第一版
印　　次：2024 年 11 月北京第一次印刷
开　　本：787 毫米×1092 毫米　16 开本
印　　张：10
字　　数：247 千字
定　　价：**38.00** 元

序

职业教育作为与经济社会联系最为紧密的教育类型，其发展直接影响生产力水平的提高和经济社会的可持续发展。职业教育的逻辑起点是从职业出发，为受教育者获得某种职业技能和职业知识，形成良好的职业道德和职业素质，从而满足从事一定社会生产劳动的需要而开展的一种教育活动。

高等职业教育以培养高端技能型专业人才为教育目标，由于职业教育与普通教育的逻辑起点不同，其人才培养方式也不同。教育部《关于加快推进现代职业教育体系建设改革重点任务的通知》等文件要求“各地要支持龙头企业和高水平高等学校、职业学校牵头，联合行业组织、学校、科研机构、上下游企业等共同参与，组建一批产教深度融合、服务高效对接、支撑行业发展的跨区域行业产教融合共同体。建立健全实体化运行机制，有组织开发优质教学评价标准、专业核心课程、实践能力项目和教学装备，培养行业急需的高素质技术技能人才。建成一批行业领先的技术创新中心，形成同市场需求相适应、同产业结构相匹配的现代职业教育结构和区域布局。”并将在“先进轨道交通装备、航空航天装备、船舶与海洋工程装备、新材料、兵器工业 5 个领域进行首批布局”，指导建设一批全国性跨区域行业产教融合共同体，带动地方建设一批赋能区域经济发展、服务地方特色产业的区域性行业产教融合共同体。目的就是要深化校企合作，工学结合人才培养模式改革，创新高等职业教育课程模式，在中国制造向中国创造转变的过程中，培养适应经济发展方式转变与产业结构升级需要的“一流技工”，不断创造具有国家价值的“一流产品”。

北京电子科技职业学院服务首都“四个中心”建设和高质量发展需要坚持走产教融合发展道路，精准对接行业企业需求，致力于研究与实践这个高等职业教育创新发展的中心课题。确立“立足开发区，面向首都经济、融入京津冀，走出环渤海，与区域经济联动互动、融合发展，培养适应国际化大型企业和现代高端产业集群需要的高技能人才”的办学定位，形成了“人才培养高端化，校企合作品牌化，教育标准国际化”的人才培养特色。

北京电子科技职业学院

2024.8

前　言

随着工业的快速发展，城市的规模越来越大，区域之间的交流与合作越来越频繁，人们对交通运输方式出现了不同的需求。在这一百多年的发展过程中，世界上先后产生了多种交通工具。其中，有一类是在铁路的基础上发展起来的，它充分发挥了铁路的运行模式，我们称之为轨道交通。

城市轨道交通以其大运量、无污染、便捷、舒适、准点等特点，已成为区域和都市的骨干交通运输工具。轨道交通不仅带来了交通便利，还带来了全新的生活方式，成为解决城市市民出行难的有效手段。在城市轨道交通运营网络日益扩张和完善的形势下，轨道交通使人们改变了“区位”的概念，把地理距离变成了精确的时间距离。准时、高效的特点使市民出行的便捷程度大大提高。然而大运量、大客流带来的售票、检票、清算、统计、数据分析等工作量的加大，已使最初的人工售检票形式难以适应，利用计算机技术对票务系统进行管理势在必行。

本书根据北京电子科技职业学院轨道交通专业需求，以北京城市轨道交通运营实践为基础，结合全国轨道交通运营发展状况组织内容。本书的编写思想是将专业与行业（企业）岗位对接、专业课程内容与职业标准对接，突出高技能人才培养特色。区别于传统理论教材，本书不再仅以理论和原理为主，而是以设备为载体，结合实际典型故障案例，列举多种自动售检票设备常见的故障分析思路与处理方法，将理论与实践操作相结合，以适应当前技能型人才培养的需求。

本书由北京电子科技职业学院赵丹及北京市地铁运营有限公司何广宁主编，编写团队包括北京电子科技职业学院多年从事轨道交通专业教学的曲鸣飞、张鑫、李亚萍老师及北京市地铁运营有限公司通信信号分公司的一线工程师，书中积累了多名专业人员多年的地铁运营管理与维护经验。本书由北京交通职业技术学院米玉琴副教授主审，在编写过程中得到了北京市地铁运营有限公司通信信号分公司人力资源部及广大同仁的大力支持和帮助，在此表示衷心的感谢。

限于编者水平，书中难免存在不足和疏漏之处，恳请同行和广大读者给予批评指正。

编者

2024.8

目　　录

1 概　　述

1.1 城市轨道交通概述

1.1.1 城市轨道交通概念

“城市轨道交通”是一个包含范围较大的概念，在国际上没有统一的定义。一般而言，广义的城市轨道交通是指以轨道运输方式为主要技术特征的交通，是城市公共客运交通系统中具有中等以上运量的轨道交通系统（有别于道路交通），主要为城市内（有别于城际铁路，但可涵盖郊区及城市圈范围）公共客运服务，是一种在城市公共客运交通中起骨干作用的现代化立体交通系统。城市轨道交通被定义为“采用专用轨道导向运行的城市公共客运交通系统”。目前，常见的城市轨道交通不仅包括地铁、轻轨、有轨电车，也包括胶轮的单轨交通系统、线性电机牵引的系统、磁悬浮系统等。如今，城市轨道交通已成为区域和都市的骨干交通运输工具。

城市轨道交通带来的不仅是交通便利，还带来了全新的生活方式。有了城市轨道交通，人们出行前对目的地距离的衡量标准随之发生改变：“距离不是距离，时间才是距离。”城市轨道交通的出现使人们改变了“区位”的概念，把地理距离变成了精确时间距离。准时、高效的特点使人们不再考虑何时进办公室，而只需要考虑何时进到地铁站。

1863 年 1 月 10 日，世界上第一条地下铁道于伦敦建成。开始是采用蒸汽机车牵引，到 1890 年改为电力牵引。据有关资料统计，1863—1899 年，有 7 座城市修建了地下铁道；1900—1949 年，世界上又有 13 个城市修建了地下铁道。二次世界大战后，伴随着各国城市的快速发展，地下铁道发展极为迅速。国外发达国家在 20 世纪 70 年代开始进入城市轨道交通建设高峰期，10 年内全世界共建设了约 1600km 城市轨道交通线路，平均每年 160km。进入 21 世纪，城市轨道交通进入智慧化发展时期，高速铁路网的建设遍布全球。截至 2023 年年底，全球城市轨道交通运营里程达到 43 400.40km，分布在 79 个国家和地区、563 个城市。其中，地铁运营里程为 21 732.66km，分布在 63 个国家和地区、200 个城市，已成为全球主流的城市轨道交通制式。

1.1.2 我国城市轨道交通的发展与现状

我国有轨电车起源于 20 世纪初期，1908 年中国第一条有轨电车在上海建成通车。1965 年，北京首条地铁开工建设，1969 年建成通车。到 20 世纪 80 年代末，我国城市地铁仅有北京地铁 40km，天津地铁 7.6km。进入 20 世纪 90 年代，中国城市轨道交通进入了一个快速发展时期，建设规模之大是世界城市轨道交通发展历史中少有的。截至 2023 年底，中国大陆地区（不含港澳台）共有 59 个城市开通城市轨道交通运营线路 338 条，运营线路总长度 11 224.54km。其中，地铁运营线路 8543.11km，占比 76.11%；其他制式城轨交通运营线路 2681.43km，占比 23.89%，当年运营线路长度净增长 866.65km。预计“十四五”期末城轨交通运营线路规模将接近 13 000km，运营城市有望超过 60 座。

1.2 自动售检票系统概述

城市轨道交通以其大运量、无污染、便捷、舒适、准点等优点，成为解决城市市民出行难的有效手段。在城市轨道交通运营网络日益扩张和完善的形势下，市民出行的便捷程度进一步提高，然而大运量、大客流带来的售票、检票、清算、统计、数据分析等工作量的加大，已使最初的人工售检票难以适应，利用计算机技术对票务系统进行管理势在必行。

围绕车票开展的各项管理事务统称为票务，其中最烦琐、最大量、最基础也是与乘客最有直接联系的就是各车站的售票、检票和进出车站人数的统计，以及由此产生的一系列乘客服务需求。自动售检票系统（automatic fare collection，AFC）的研制成功解决了车站层面售检票业务的自动化，满足了乘客快速售检票的需求。此外，由于AFC系统执行“一人一票”的乘车原则，因此凡是乘客都应持票乘车，从而检票数与乘客人数形成了一一对应的关系，AFC系统自动采集的乘客进出站检票数据，为票务系统中的数据统计、客流分析提供了可靠的基础。

AFC系统不仅仅是字面意思上的售票、检票、进站、出站，其从严格意义上来说，是基于计算机、通信、网络、自动控制等技术，实现轨道交通售票、检票、计费、收费、统计、清分、管理等过程的自动化系统。它是通过对计算机、统计、财务等专业知识的综合运用，实现轨道交通的售票、检票、计费、收费、统计、清分结算和运行管理等全过程的自动化系统，同时也为决策提供客流、收入等各类信息支持。

1.2.1 自动售检票系统的内容

轨道交通自动售检票系统由中央计算机系统、车站计算机系统、终端设备、车票媒介、网络、各种接口和运作制度组成。其主要工作内容如下：

(1) 实现中央系统、车站系统和终端设备之间的数据传输和处理。

(2) 完成车票制作、售票、检票、票务统计分析等工作。

(3) 及时、准确地进行交流、票务数据的收集、整理、汇总和分析。

(4) 实现轨道交通收益方的清分结算及与关联系统等外部接口之间的清分结算，同时，可通过银行或金融机构实现账务划拨。

1.2.2 自动售检票系统的内涵

自动售检票系统作为轨道交通运营管理重要子系统之一，有其丰富的内涵，主要体现在以下几方面。

1. 人性化

自动售检票系统为乘客设置了符合人体工程学的售票机和检票闸机，方便了乘客的购票和检票过程，同时提供符合地方特色的操作方式。

2. 客流导向

自动售检票系统可方便地实现乘车路径和优惠票价管理，可通过票价设定来为乘客提供导向性服务，实现柔性的乘客自主对出行路径或时段的选择，合理调整客流分布。

3. 社会效益

一方面可通过自动售检票系统形成对区域交通客流状况的调整，对社会生活产生影响；另一方面可通过自动化的设施影响人们的行为模式、规范管理模式，克服票务工作中的舞弊行为。

4. 提供信息支持

自动售检票系统能够提供客流量、票务收入等统计信息，为轨道交通的运营、规划和管理决策提供信息支持。

5. 提高运行效率

轨道交通运营单位可根据自动售检票系统的客流信息及时调整运行组织，合理安排运能，提高运行效率。

6. 强化安全管理

借助自动售检票系统付费区的封闭条件，可对乘客在车站内的行为进行管理。在紧急情况下，可通过闸机的禁行和放行措施疏导人群，实现安全管理。另外，还可通过闸机的关隘作用，协助社会治安管理。

7. 提升形象

通过自动售检票系统，增强了轨道交通与乘客的操作交互性和乘客的主动性，良好的应用效果可提升运营企业和所在地区的形象。

1.3 自动售检票系统架构及功能

AFC 系统由以下四层组成：

(1) 第一层：清算管理中心系统（AFC clearing center，ACC）。

(2) 第二层：线路中央计算机系统或多线路中央计算机系统（line central computer or multiline central computer，LC 或 MLC)。

(3) 第三层：车站计算机系统（station computer，SC)。

(4) 第四层：车站终端设备（station level equipment，SLE)。

自动售检票系统架构如图 1-1 所示。其中，票务处理单元（ticket processing unit，TPU）包括自动售票机、自动检票机等设备。

1.3.1 轨道交通清算管理中心

轨道交通清算管理中心（ACC）负责统一制订联网运行有关的制度、规则和流程，包括收费制度、车票安全保密规则、清算对账业务规则、车票发行、车票使用及调配流程、运营模式控制流程、参数编码规则、终端设备乘客服务界面的规定和系统接口规则等。

ACC 实现轨道交通路网内各运营商的系统统一协调运行；实现轨道交通系统与一卡通系统间的清算、对账，各线路间的清分、对账及数据处理。

1.3.2 线路中央计算机系统或多线路中央计算机系统

线路中央计算机系统（LCC）或多线路中央计算机系统（MLC）是线路 AFC 系统的核心部分，在对线路系统中所有设备进行监视的同时，对系统的全部数据进行收集、处理，对运营、票务、财务、维修进行集中管理。MLC 是在 LC 的基础上，将几条 LC 集中起来进行管理，使 LC 的管理更快捷、高效。

LC 收集、处理系统内各类数据，制订、维护系统各类参数，接收/下达系统各类命令，同时应为系统提供高度的安全机制和严格的操作规程，并通过 ACC 实现本线路与轨道交通网络其他线路之间的结算。

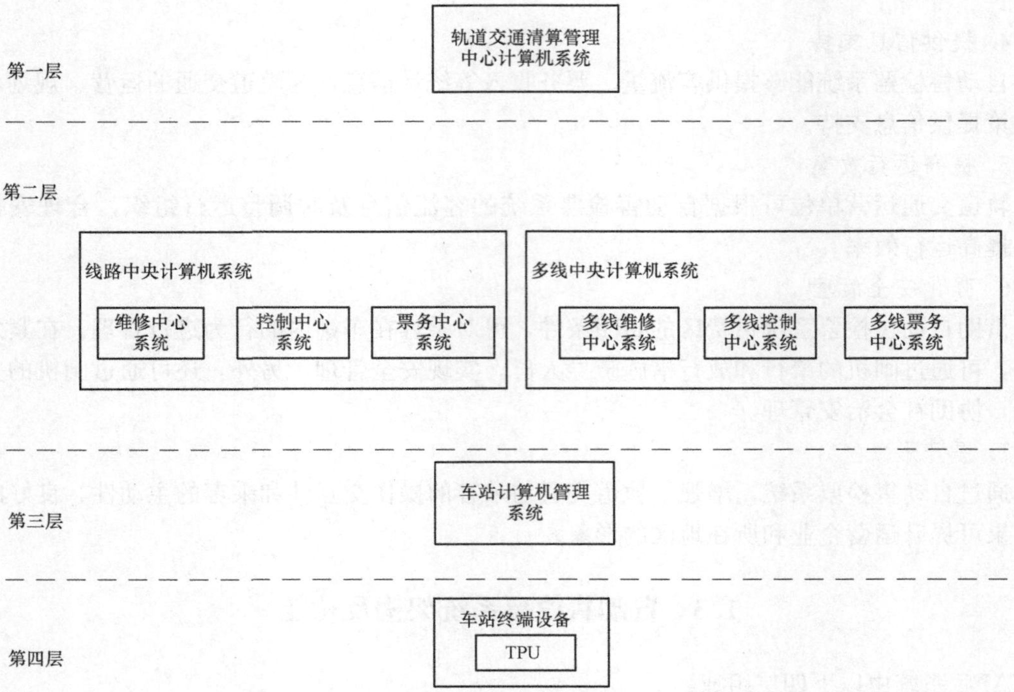

图 1-1 自动售检票系统架构

LC 以主应用/数据库服务器为中心，通过其他服务器、操作工作站等开展各种业务。根据系统业务和操作人员的权限，设定不同的子业务系统和功能模块，确保系统的安全性及操作的严密性管理。

在线路的运营业务中，LC 与各站的 SC 进行通信，接收各车站产生的全部交易数据和运营、收益的数据。通过 LC 将这些数据汇总，可把握线路的利用状况和收入状况。

LC 接受 ACC 系统参数及指令，实现所监控线路 AFC 系统的运营管理，并根据协议上传相关数据，及与 ACC 进行对账。

1. LC 系统软件主要功能

LC 系统实现的基本功能如下：

（1）监视系统运行状态，收集、统计、分析、查询运营数据。

（2）数据审核、数据备份及恢复。

（3）设备入网注册。

（4）接收 ACC 下载的车票种类、票价表、费率表、运营模式等参数，并通过 SC 下载到终端设备。

（5）接收时钟信号完成时钟同步。

（6）接收、上传、下载黑名单等。

（7）接受 ACC 的车票调配指令，完成在本线路流通的车票调配。

（8）LC 系统内安全访问控制，系统内权限管理；系统间安全访问控制。

（9）与 ACC 对账，并通过 ACC 实现本线路与轨道交通网络其他线路，以及市政交通一卡通之间的结算。

2. LC 服务器部署结构

线路中心系统由一整套服务器群来承担中心计算机工作，在这个服务器群里有各种档次的服务器分别承担各项工作。

LC 系统包括如下服务器：

（1）主数据库服务器：由两台 Sun 服务器构成，运行 Sun Solaris 操作系统和 Oracle 10g 数据库，承担着整个系统主要的数据存储和数据处理。

（2）历史数据库服务器：一台 Sun 服务器，运行 Sun Solaris 操作系统和 Oracle 10G 数据库，实现数据分析、决策支持及系统管理、数据备份等功能。

（3）前置通信服务器：由两台 Sun 服务器构成，运行 LC 核心应用系统，完成与各车站 SC 之间的业务处理和数据交换功能，并可支持 LC 工作站对整个 AFC 系统进行有效的监控。

（4）数据交换服务器：是 LC 与 ACC 之间进行交易数据上传、下载参数传递、清算对账等数据交换的平台，管理 LC 与 ACC 互联的通信接口。

（5）报表文档服务器：运行报表系统，每天运营结束后批量生成，并存储报表文件，接受来自各工作站的报表访问请求。

（6）网管备份服务器：安装网管软件，进行网络设备和状态的监控，并可进行备份工作。

3. 维修中心系统

维修中心（maintenance center，MC）系统对 AFC 系统的售检票设备、计算机/打印机设备、网络/布线设备、电源/配电设备、线缆/管材等进行维护、维修，并为线路的正常运营提供有力保障。

维修中心系统通过监视工作站实现对全线路各设备运行情况、故障情况的实时监视，通过制订维护计划对各类设备进行定期维修养护作业，以保障所维护的系统内设备在使用期限内的安全性和可靠性。

4. 票务中心系统

票务中心（tickets center，TC）系统管理系统中流通的车票，包括对轨道交通专用票及储值票的管理，也包括对一卡通票的管理。

票务中心系统将接受 ACC 票务总中心的指令，接收票务总中心调配的车票，并按照要求完成本线路车票发行、分拣。

1.3.3 车站计算机管理系统

在 AFC 系统中，车站计算机管理（SC）系统是最重要的组成部分，它起着承上启下的作用。SC 系统负责维护和管理车站或站区的数据、财务、运营、班次及软硬件的更新和维护。

SC 系统从 LC 系统获取各种参数和指令，并下达到终端设备，同时 SC 系统会向 LC 系统上传本地运营数据和其他相关数据。

SC 系统主要功能是对各车站终端设备的实时监视和控制。

1. SC 系统软件主要功能

SC 系统功能如下：

（1）车站运营管理：设备运行状态监视，设备运行模式控制、客流监视、运营数据采集和存储，数据上传，车站设备参数管理，操作权限设置等。

（2）车站票务管理：车票库存管理，车站车票调配，车票动态监控。

（3）车站收益管理：车站现金管理，车站收益审核。

（4）车站 AFC 设备维修管理：车站设备维修，车站设备软件更新。

（5）安全管理：设备登录监视、设备操作监视、日志管理等。

（6）车站报表。

2. SC 系统设备构成

SC 系统由下列设备构成：

（1）车站服务器：一台 Sun 服务器，安装 Oracle 数据库，并运行 SC 系统应用，完成与各车站设备之间的业务处理和数据交换功能。

（2）车站监控工作站：设置于车站控制室内，是 SC 系统的运营、维修管理终端。监控内容包括车站收益、客流、设备工作状态、故障记录、维修记录等。

（3）车站票务工作站：设置于车站票务室内，是 SC 系统的票务、收益管理终端。管理各钱箱、票箱清点数据，备用金增减情况、操作员售票情况、现金使用情况等数据。

1.3.4 车站终端设备

1. 自动检票机

自动检票机（automatic gate machine，AGM）用于实现自动检票，并控制乘客通行，AGM 在车站设备中使用频率最高，要保证在大客流的情况下的可靠性和通行速度。

AGM 分为以下几种类型：

（1）进站检票机：仅用于进站检票。

（2）出站检票机：仅用于出站检票。

（3）双向检票机：可设定 3 种类型的运行模式，分别为只进站模式、只出站模式、可双向通过模式。

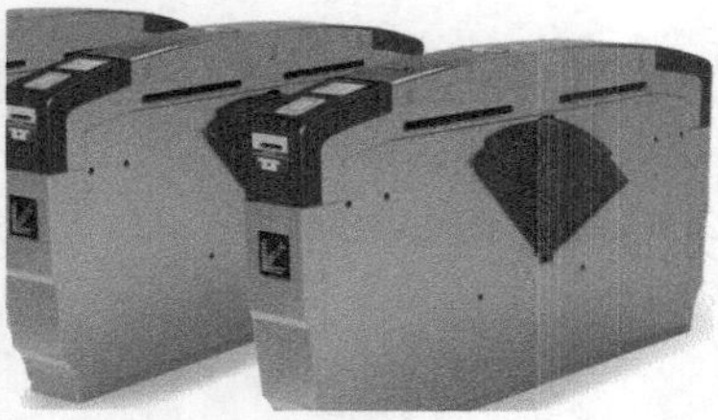

图 1-2 自动检票机外观

（4）宽通道检票机：供携带大行李的乘客和残疾人士检票出入付费区，普通检票机拥有 550mm 宽的通道，而宽通道检票机拥有 900mm 的通道宽度。

（5）末端检票机：一般被称为从机，部署在通道末端。在机体内部没有主控制单元、电源等，其电力、信号等全部由主机提供。

AGM 外观，如图 1-2 所示。

AGM 的主要构成如下：

（1）通行控制传感器。乘客通行控制功能是通过安装用于感知旅客通过或非法侵入传感器进行监视来实现的。传感器划出若干范围，通过监视范围内人员的出入状态，来监测乘客的通行。

机身上部设置有旅客感知杆，上面安装了多个反射型传感器。反射型传感器调整斜上方的角度，可检测 1200mm 以上的物体。这样就不能检测 1200mm 以下的儿童，使儿童可安全通过。

（2）车票回收单元。在出站方向（乘客通行方向的右侧）设置有车票回收单元，用于回收乘客投入的回收类 IC 卡。

当乘客投入车票后，AGM 检查该票是否需回收，如需要回收，AGM 将该车票放入回收单元中的回收票箱中（AGM 有 3 个回收票箱）。

打开车票回收单元的侧板，即可方便地更换票箱，回收车票。

(3) 闸门。自动检票机采用拍打门设计，可保证乘客安全。自动检票机的闸门可工作在常开/常闭两种模式下，可适应不同的客流情况。

2. 自动售票机

自动售票机（ticket vending machine，TVM）是乘客自助服务设备，用于完成售票和储值卡充值功能。乘客可使用纸币或硬币在 TVM 上购买单程票或对一卡通储值卡进行充值。

图 1-3 自动售票机外观

TVM 外观，如图 1-3 所示。TVM 的主要构成如下：

(1) 纸币单元。在 TVM 的右侧装有纸币单元，用于接收乘客投入的纸币，并对纸币进行识别。

(2) 硬币单元。在 TVM 右侧装有硬币回收和找零单元，用于接收和识别乘客投入的硬币，并向乘客提供硬币找零。

硬币单元由硬币识别器、找零器和硬币钱箱组成。

(3) 发行单元。在 TVM 的左侧安装有车票发行单元，用于发行单程票。

发行单元内装有两个发票箱和一个废票箱。TVM 使用的发票箱和 AGM 使用的回收箱规格相同，可互换使用。

打开 TVM 背面的维修门后，可将发行单元拉出，进行维修或票箱更换。

(4) 人体感应器。TVM 前部装有人体感应器，当有人接近时，TVM 将自动感知，并播放欢迎语音。

3. 半自动售票机

半自动售票机（booking office machine，BOM）是操作员为乘客提供服务的售补票设备，放置在车站售票室或票亭内，根据放置位置不同，其具有售票、补票和售补票功能。

BOM 主要功能包括售票、补票、充值、修复、替换、退款、查询、分析。

BOM 外观，如图 1-4 所示。BOM 的主要构成如下：

图 1-4 半自动售票机外观

(1) BOM 主机。BOM 主机选用 Epson IM-700 终端一体机主机，具有小巧紧凑的设计及优良的性能，是功能强大的终端一体机。

(2) 乘客显示器。乘客显示器用于向乘客显示业务信息及提示信息。

安装在付费区和非付费区之间的 BOM，均安装有两个乘客显示器，分别面向付费区内和付费区外的乘客。

(3) 发行单元。BOM 的左侧设有 IC 卡发行单元，用于发行单程票、福利票等 UL 卡车票。

BOM 使用的发行单元与 TVM 型号一致，其票箱也可互换使用。

（4）桌面读卡器。BOM 桌面上设有 IC 卡读写器，用于执行补票、退票等业务，以及一卡通卡的业务处理。

4. 自动查询机

自动查询机（ticket checking machine，TCM）为乘客提供在轨道交通内使用车票的自助查询服务，可查询车票内记录的车票交易历史信息。

TCM 外观，如图 1-5 所示。

5. 便携式检票机

便携式检票机（portable card analyzer，PCA）是离线式检票设备，可在指定车站和时间内由车站工作人员手持对乘客所持的车票进行检票、验票。

作为一种辅助检验票设备，PCA 具有便携、可移动的特点，可在出现客流高峰或自动检票系统出现故障时缓解自动检票机的工作压力。PCA 外观，如图 1-6 所示。

图 1-5　自动查询机外观

图 1-6　便携式检票机外观

1.3.5　车票

1. IC 卡物理介质

目前，中国国内 AFC 系统使用的车票有两大类。

图 1-7　北京市政公交一卡通

（1）磁票（卡）：这种票（卡）在北京地铁 13 号线使用过，仅限单程使用，不能反复使用。

（2）非接触式 IC 卡：这种卡票使用无线射频天线进行读/写，使用方便可靠，可多次反复写入。

北京 AFC 系统使用非接触式 IC 卡作为车票物理介质，如图 1-7 所示。其所使用的 IC 卡包括以下两种：

（1）Ultra Light（UL）智能卡：这种卡很薄，方便携带，但数据量小，仅为 64 字节，并且安全性差，物理介质上不支持加密读写方式，因此，很容易被复制。一般仅用作有效期较短的票种（如单程票/往返票/一日票）。UL 卡也可做成硬币大小的圆形。

（2）Mifare S50：又称为 Mifare 1，它的容量是 1K，并且可对每个扇区进行加密存储。因此，安全性高于 UL 卡，可用于有效期较长，多次反复使用的票种（如储值票，计次/定期票）。

2. 车票数据

通常写在卡上的数据包括下列几大类：

（1）卡基本信息：如卡号，初始化日期，批次等。

(2) 产品基本信息：产品类型，有效期，有效起、止站。

(3) 钱包信息：金额或次数。

(4) 旅程信息：本次旅程的信息，如进站时间、地点，出站时间、地点，以及旅程状态。

(5) 历史交易记录：包括充值记录和消费记录两部分。

1.3.6 SAM卡

SAM卡是指用于保存安全密钥的安全卡。

由于IC卡上的数据需要进行加密存取，在读写数据前，需要对扇区数据进行密钥计算和认证，而所使用的密钥保存在SAM卡里。

SAM卡是整个AFC安全体系中最终的组成部分，因此，SAM卡一旦丢失，会造成严重的后果。

SAM卡分为两大类：ISAM和PSAM，其中，ISAM可进行钱包加值，PSAM可进行钱包减值。

AFC系统中，BOM和TVM使用ISAM，AGM、PCA和EQM使用PSAM。

1.4 自动售检票系统的现状与发展

自世界上第一条铁路首次正式办理客运服务、进行乘客售检票以来，售检票系统就成为收费运营的轨道交通的重要子系统之一。经历了人工售检票、半自动售检票到自动售检票等方式，售检票系统应用日趋完善。

1.4.1 城市轨道交通AFC系统的发展历程

我国城市轨道交通自动售检票系统和设备最初是从美国引进的，近年来我国已进行了大量的开发和研制工作，提供了多种形式的产品，技术水平也在不断提高。我国轨道交通AFC系统从无到有，从生疏到熟悉，与轨道交通的其他系统相比，其无论在认识水平、技术水平和管理水平上，都发展得更快。随着计算机技术和软件的快速发展，我国城市轨道交通AFC系统和技术已与城市公共交通“一卡通”接轨，实现城市甚至城市区间的“一卡通”。

我国轨道交通AFC系统走过的发展历程分为三个阶段，一是启蒙阶段，二是实践阶段，三是调整阶段。

1. 启蒙阶段

早在20世纪80年代末，上海地铁凭着从国外收集到的资料，艰难地开始了AFC系统和设备的试制，当时轨道交通AFC系统概念在中国几乎还是一片空白。20世纪90年代初，广州地铁一号线可行性研究报告中，票务收费方式采用人工还是自动仍是可研的一个重要章节。在这个阶段，花费了相当大的精力对人工收费和自动收费的利弊做分析，对AFC系统的功能设置是以学习国外成功系统经验为主。在此期间，香港地铁给予了国内同行很多的帮助，把他们宝贵的建设和运营经验传授给内地；同时，国际著名的AFC专业厂家也通过产品和系统介绍，展示了轨道交通AFC系统的许多好的技术特性，这些都为广州地铁和上海地铁的AFC系统在建设之初就拥有基本完善严密的功能奠定了基础。

我国首个轨道交通AFC系统供货合同签订于20世纪90年代中期，当时国际上的磁卡

AFC系统技术已相当成熟，而IC卡技术在交通收费方面的应用研究才刚刚开始，巴黎地铁和香港地铁考虑将非接触IC卡应用到轨道交通及公交收费，而我国当时对公交IC卡应用的研究还处于接触式IC卡水平，且当时IC卡成本较高。在这样的形势下，车票媒介在磁卡、IC卡、条形码等多种媒介之间别无他选地选择了磁卡。

2. 实践阶段

从1998年底开始，AFC系统在内地的城市轨道交通系统相继投入使用，逐步展现出其良好的票务管理水平和高效的客流处理能力，成为地铁公司票务收益管理实现以最少人力物力、高效低成本运作的基本条件。AFC系统发挥的作用令设计者、建设者和乘客从根本上接受了它。在此阶段，国内的轨道交通AFC系统用户通过几年的使用和摸索，在掌握原系统丰富多样、科学严谨的使用功能的同时，也整理归纳了许多适用轨道交通票务管理需要的新功能，使AFC系统的功能需求更为完善。经过几年的系统运作实践，轨道交通AFC系统从以下几个方面体现了其优越之处：

（1）准确的客流及票务统计分析数据，为运营调控、市场营销、新线建设提供了科学的决策依据，也为提高服务质量和信息处理能力创造了条件。

（2）高效的AFC设备使车站客流井然有序、快速通过，大大减少了人为逃票，较好地保障了地铁公司的票务收益。

（3）自动售检票系统可大大减少现金交易、人工记账及统计工作，人员可精简，并达到较高的准确率和效率。

（4）维修管理系统使维修资源得以较好的利用，并可达到反应快、修复快的效果。

3. 调整阶段

电子科技进步一日千里，在短短几年内，IC卡技术在轨道交通AFC系统的应用由研究摸索迅速膨胀为大规模的实际应用，非接触式IC卡以其储存量较大、保密性较强、可实现一卡多用的特性逐步取代了磁卡的地位，如今已成为各城市轨道交通收费系统的首选票质媒介。

非接触式IC卡技术在轨道交通AFC系统的大规模应用猛烈地冲击着以磁卡为车票媒介的AFC系统，同时也推动着新建线路的AFC系统在功能上的扩展和性能上的提高，使AFC系统结构更为简单、高效，且成本得以下降。

面对这种冲击，广州和上海在建设新线的同时，非常重视已有系统的调整和改造，把改造原有的磁卡AFC系统摆到了重要的议事日程。在这个调整阶段，我们遇到了与国际上许多大都市的轨道交通系统同样面临的抉择：一种选择是一步到位地将系统改为全IC卡系统，即所有票种均为IC卡；另一种选择是先将储值票改为IC卡，单程票仍沿用原有的磁卡，待合适的时机再将系统改为全IC卡系统。

经分析，我国与国外大都市轨道交通的最大不同点之一在于我们的线网才刚刚开始修建，而国外大都市已建有上百公里基本稳定的线网。在国外大都市线网内储值票改用IC卡，单程票仍沿用磁卡是完全可行的；而我国城市轨道线网才刚刚开始建设，新线采用全IC卡系统势在必行，如原建线路仍沿用磁卡单程票或只部分增设IC卡单程票，则磁卡单程票不能在新线通行或造成系统内两种单程票通行，这会使系统变得复杂，乘客容易造成混淆。因此，在已建线网越简单的时候进行全IC卡系统改造越有利。在分析对比了国内外情况后，广州地铁果断采取了在修建广州地铁二号线AFC系统的同时，改造一号线的原磁卡收费系统，将其改造为全 IC 卡系统，使后续新建线路的 AFC 系统有一个统一的技术标准。上海与广州相比线网较为复杂，而且线网内采用了不同的车票媒介，这对系统做 IC 卡的全面改造和使用会造成更大的困难。但是无论困难如何大，系统地整合势在必行，否则将会影响新线系统的建设和线网的运行。在 2004 年，上海地铁 AFC 系统已成功改造和运作 IC 卡储值票，并启用 IC 卡单程票。

1.4.2　城市轨道交通 AFC 系统的现状

轨道交通的规模建设带动 AFC 系统迅猛发展，目前 AFC 系统已成为轨道交通建设必选的一个管理系统，在轨道交通日常运营管理中发挥着重要作用。从投资费用角度来讲，AFC 系统的经费仅占轨道交通投资中的一小部分，但它又是和乘客每天见面、每天打交道的一个重要的服务窗口；更重要的是，它不但掌管着轨道交通运营的经济命脉——票务收入，而且掌握着轨道交通线路各车站的每天客流量和完整的客流动态信息。因此，AFC 系统可为轨道交通的运营、管理和决策提供大量的科学数据和依据。如果数据或报表存在错误，那将给轨道交通的管理带来严重的问题。

公共交通行业是“以人为本”，为人民大众服务的行业，安全、可靠、方便和实用是考虑问题的基本出发点。因此，对 AFC 系统来说，可靠性和成熟性是第一位的。现在全国新建的轨道交通 AFC 系统都选用了非接触式 IC 卡技术，使各系统上了一个新的管理台阶。IC 卡技术具有很高的信息处理能力和更高的安全性，系统设备更为简化，卡票现象大为减少；机械维修和调整维修的工作量也相应减少；同时，非接触式 IC 卡技术的应用也为乘客带来方便，乘客甚至不需从挂包中取出车票也能方便地检票通过。

IC 卡技术的应用使公共交通行业联营成为可能，并成为一个发展趋势，为广大乘客带来更大便利。目前，我国很多城市公共交通收费系统已拓展到了多个交通领域，实现公交、地铁、出租车、轮渡、停车场及轻轨交通一卡通。

经过启蒙、实践、调整阶段，我国的轨道交通 AFC 事业已进入大规模发展阶段，应用更为成熟。今天，各地铁公司都将 AFC 系统放在举足轻重的位置，大家统一认识到 AFC 系统是直接面向大众的服务系统，其性能的优劣将直接影响地铁的形象，必须更多地考虑人性化服务。在这样一个上下共识的基础上，AFC 技术和管理水平得以迅速提高。

1.4.3　城市轨道交通 AFC 系统的发展

随着轨道交通的快速发展、相应技术的进步及不同政策组合的灵活应用，自动售检票系统总的发展趋势是标准化、简单化、集成化和人性化。

1. 标准化

为实现轨道交通售检票系统的简捷和大集成，必须制订标准和规范，统一系统设备和终端设备，使系统达到互联互通，采用统一的车票媒介，实现不同线路之间的方便换乘。

2. 简单化

为适应快节奏的社会生活，乘客必然选择操作简单、出行高效的交通工具。轨道交通自动售检票系统必然向操作简单化方向发展。自动售检票系统的简单化包括：①将复杂的自动售检票系统通过系统集成，简化乘客的使用操作；②通过人性化的设计，提高乘客的操作效率。随着认知和科技水平的不断提高，系统架构和措施也更容易实现。

3. 集成化

轨道交通路网的形成使自动售检票系统规模越来越大，同时，轨道交通与其他交通方式之间的关系也越来越密切，互相兼容、联城优惠、跨系统结算等必然造成各种系统的关联度越来越高。建立统一、标准化、跨平台、跨系统的自动售检票系统应用平台是未来自动售检票系统发展的必然方向。

采用中间件、通信和数据交换技术，构建可靠、安全、易用、可扩展、互联性高的系统架构，是自动售检票系统的要求，也是发展趋势。在实践过程中，必须注意针对自动售检票系统数据结构的特点和系统对安全性的要求，加强系统的集成管理，以满足自动售检票系统规模扩大和关联度增加的要求。

4. 人性化

自动售检票系统本来就是密切结合应用和利益的系统，从“以人为本”的理念出发，自动售检票系统的操作方式和界面也必然越来越人性化，自动售检票系统的人性化包括以下几个方面：

(1) 根据人体工程学基本原理设计终端设备的人机界面。

(2) 设计符合乘客习惯的操作方式。

(3) 设计合适的出入口通道，方便轮椅人士、推折叠式婴儿车的乘客。

(4) 系统能向人们提供越来越多的相关信息。

总之，轨道交通自动售检票系统将随着科学技术的进步和人们对出行便捷、舒适要求的提高，其自动化程度会越来越高，对管理的支撑作用也将越来越大。

2 票　　卡

车票作为乘车凭证，记载了乘客从购票开始至完成一次完整行程所发生的费用、时间、乘车区间等信息。由于票卡上记载了有关乘车信息，因而也将其称为车票媒介。从生产厂家购进的票卡，必须进行初始化后，才能成为轨道交通售检票系统的车票媒介。车票作为赋值后的车票媒介，才能在轨道交通售检票系统中流通使用。不同车票媒介记载信息的方式和数量是不同的。信息记载方式不同，又造成识别方式不同。因此，不同的车票媒介对应着不同的识别系统。

2.1 车票的发展历程

在自动售检票系统中作为乘客乘坐轨道交通有效凭证的车票，是 AFC 系统中不可缺少的信息载体和交互媒介。常见的车票有纸质车票、磁卡车票和智能卡车票三种。

2.1.1 纸质车票

纸质车票通常分为普通纸票和条形码纸票。

(1) 普通纸票。普通车票是将车票的所有信息都直接印刷在车票上，由票务人员视读确认。

在设计普通纸票时，应包括票面的形式、所需的基本信息和特殊信息，如车票编号、出票站点编号，车票价格等明示信息，便于购票者和票务人员验证、确认。普通纸票如图 2 - 1 所示。

图 2 - 1　普通纸票

(2) 条形码纸票。条形码纸票是通过条形码编码储存车票的相关信息，由条形码扫描仪完成信息识别，乘客和票务人员都难以直接认知车票信息。售出车票的标识信息为只读，不能改写。条形码纸票如图 2 - 2 所示。

2.1.2 磁卡车票

磁卡车票是一种利用磁记录特性对有关信息进行记录交换的卡片。它由高强度、耐高温的塑料或纸质涂覆塑料制成，能防潮、耐磨且有一定的柔韧性，携带方便，使用较为稳定可靠。通常，磁卡的一面有磁涂层（面或条），另一面则印刷有插入方向等提示信息。为简化设备结构，大部分系统的磁卡上还会有定位孔槽等标识。磁卡车票如图 2 - 3 所示。

图 2 - 2　条形码纸票

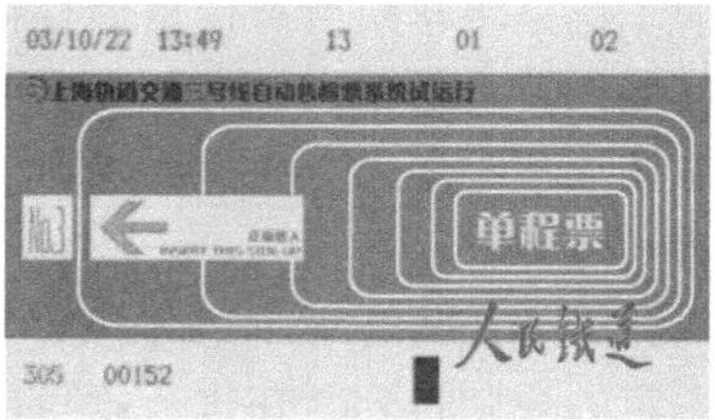

图 2 - 3　磁卡车票

1. 磁卡车票的优缺点

磁卡车票技术发展于20世纪70年代，其在轨道交通AFC系统的应用已久，从技术上讲也已相对成熟。

(1) 磁卡车票优点如下：

1) 生产成本较低。

2) 可方便地进行票卡的批量化生产。

3) 可实现机读，提高自动化程度。

4) 基本无电磁辐射，符合绿色环保要求。

5) 运营成本较低。

(2) 磁卡车票缺点如下：

1) 虽可回收后重复使用（如地铁磁卡车票的应用），但在再使用前，须进行消毒处理。

2) AFC系统的读/写设备频繁地接触磁卡票，并反复进行消磁、除尘和清洗等工序，不可避免地要在各工序方面投入大量人力和物力。

3) 为保证可靠地读/写磁卡票，AFC系统设备需要完成精确传输，紧凑、精密、复杂和高精度设备要求也使设备造价和维护人员的技术要求相对较高，使用的频繁也使机械磨损增大，随之维护、更新成本也随之增大。

4) 磁卡车票在使用一定次数后受磁条使用寿命限制，只能弃用。

5) 储存内容受强磁场干扰易发生变化。

6) 随票携带的密钥容易被复制伪造。

2. 磁卡车票的应用

以磁卡作为车票媒介的AFC系统，在世界各地都得到了广泛的应用，给使用者和管理部门都带来了很大的便利。但随着时代发展和技术进步，诞生了非接触智能卡技术，并逐步替代了接触式读写的磁卡。

2.1.3 智能卡车票

智能卡（smart card）又名IC卡（integrated circuit card），这种具有智能性记忆，又便于携带的卡片，为现代信息处理和传递提供了一种新手段，作为一种新型传媒介质，智能卡已被广泛应用到各领域。

智能卡涉及微电子技术、计算机技术和信息安全等技术，镶嵌于塑料基片中的集成电路芯片具有储存、加密技术处理等能力，并制成便携式卡片。为进一步促进智能卡在全世界范围内推广和使用，国际标准化组织（international standardization organization，ISO）于1987年专门为智能卡制定了国际标准（ISO/IEC 7816 - 1、2、3），对智能卡的物理特性、结构尺寸及通信协议做了明确和详细的规定。

智能卡车票是将车票所有信息储存在车票的集成电路中，用智能卡读写设备获取卡内相关信息，其最大特点是信息储存量大和信息的可修改。

智能卡按读写距离可分为接触式智能卡和非接触式智能卡。

1. 接触式智能卡

接触式智能卡是将智能卡的绝大部分电气部件进行封装，与外部连接线路做成外露触点，并按一定的规则排列，在进行读写操作时卡片必须插入读写器的卡座中，通过与读写设备相应的触点接触后传输交换信息。

2. 非接触式智能卡

将相关电路封装在智能卡内，采用射频原理，通过收发天线与读写设备进行信息交换的智能卡，由于与读写设备不需直接接触，故称为非接触式智能卡或射频卡。

非接触式智能卡不存在外露接触电极，不怕潮湿和污染，可有效避免系统因频繁接触的机械性摩擦而引发的故障。智能卡还具有抗磁场和静电破坏功能。由于不需要与读写设备直接接触，故读写时无方向性要求，读写距离可达 10cm。卡片具有抗弯折能力，封装的电路安全、可靠，故使用寿命较长。

由于非接触式智能卡制作成本低、使用安全可靠、便于使用者设计专用的读写设备和后台管理系统、高安全保密性（难以复制）和大存储容量，且易与计算机系统交换数据等优点，故广泛应用于小额电子钱包消费、城市公交行业、轨道交通、社会医疗保障、社会补给保障、电子身份识别和电子护照等众多领域，取得良好的社会和经济效益。

（1）薄型非接触式 IC 卡。日常生活中接触较多的非接触式集成电路 IC 卡（简称 IC 卡）的厚度通常都大于 1mm。应用于轨道交通中的单程票 IC 卡通常为厚度小于 0.5mm 的薄型非接触式 IC 卡，简称薄型 IC 卡，其基本工作参数如下：

1）主要参数。

a. 工作频率 13.56MHz±7kHz。

b. 通信波特率 106kbit/s。

c. 数据存储容量不小于 512bit。

d. 分 3 个区、16 个 Block，每个 Block 应包括 4 个 Byte，每个 Byte 应包括 8 个 Bit。IC 卡应用文件分区见表 2-1。

e. 编码方式。读写器向卡应使用修正的米勒（Miler）编码，卡向读写器应使用曼彻斯特（Manchester）编码。

f. 调制和编码符合 ISO/IEC 14443-2 的规定。

g. 传输协议符合 ISO/IEC 14443-4 的规定。

表 2-1 IC 卡应用文件分区

应用文件名		数据块区
IC 单程票的标识		占 2 个数据块（Block0，Block1）
发行信息		占 3 个数据块（Block2，Block3，Block4）
售票（补票）记录		占 3 个数据块（Block5，Block6，Block7）
密钥		占 1 个数据块（Block8）
公共交易记录		占 1 个数据块（Block9）
交易记录	进站交易记录	占 2 个数据块（Block10，Block11）
	出站交易记录	占 3 个数据块（Block12，Block13，Block14）
备份		占 1 个数据块（Block15）

2）特点。非接触式 IC 卡车票具有交易快速、简单、可重复使用且不易损耗，存储的数据量大等优点，还具有加密和认证等功能，安全性高，其电子技术的天然优势有助于后台计算机联网和有效处理大量数据。虽说单程票的成本较高，但其读写设备相比磁卡而言十分便宜，能长时间工作，性能可靠且几乎不用维护。因此，整个系统的成本并不高。考虑到目前

半导体封装技术的不断发展，非接触式 IC 卡单程票的价格必将大幅走低，有利于广泛应用。

(2) 筹码型非接触式智能卡。筹码型非接触式智能卡，简称筹码型 IC 卡，如图 2-4 所示。它的集成电路（IC）卡的基本参数、技术要求等都满足 ISO/IEC 14443 的规定。

图 2-4　筹码型 IC 卡

筹码型 IC 卡是在直径为 30mm、厚度为 2.0mm 的非金属材料圆盘内，嵌装集成电路及天线，通过电感耦合方式与筹码读写器进行操作的 IC 卡。

1) 主要参数。

a. 工作频率 13.56MHz±7kHz。

b. 通信波特率 106kbit/s。

c. 数据存储容量不小于 512bit。

d. 指令：查询方式，三重认证。

e. 分 3 个区、16 个 Block，每个 Block 应包括 4 个 Byte，每个 Byte 应包括 8 个 Bit。筹码型 IC 卡的应用文件分区见表 2-2。

表 2-2　　筹码型 IC 票的应用文件分区

应用文件名		数据块区
筹码的标识		占 2 个数据块（Block0，Block1）
发行信息		占 2 个数据块（Block2，Block3）
预留		占 1 个数据块（Block4）
售票记录		占 3 个数据块（Block5，Block6，Block7）
密码		占 1 个数据块（Block8）
公共交易记录		占 1 个数据块（Block9）
交易记录	进站交易记录	占 2 个数据块（Block10，Block11）
	出站交易记录	占 3 个数据块（Block12，Block13，Block14）
备份		占 1 个数据块（Block15）

2) 筹码型 IC 卡与薄型 IC 卡的比较。筹码型 IC 卡与薄型 IC 卡在终端设备、系统结构和应用软件等方面基本一致。只是筹码型 IC 卡的传送可依靠其重力和滚动，而薄型 IC 卡则要依靠专门的传输装置。

(3) 异型 IC 卡。尽管目前非接触式支付卡是最新的技术，但因卡片功能有限，非接触式支付已与手机等移动设备以及 mini 卡、钥匙链等结合起来。

手机/PDA 具备 NFC 功能，不仅能用于 POS 支付，还能与智能 IC 卡交互信息。最典型的应用为消费者使用 NFC 手机靠近智能广告招贴，可直接连接至网站购买门票，然后再下载至移动电话并入场。

无论卡片与手机，非接触式支付蕴含着巨大的商机，产业链各方必须找到有效的商业模式，一些模式已在日本、韩国得到充分检验，并积累了成功的经验。

2.2 票 卡 类 型

轨道交通是高投入、高效益的服务型产品，其高效益主要体现在对社会经济的间接推动和对社会生活的维持上，但又可采取适当的票价策略获得部分经济效益，因而又是一项准公共产品。由于不同国家、不同地区采取的扶持政策不同，因此，各地票卡种类也存在很大差异。

根据轨道交通的特点，按车票使用性质，票卡可分为单程票、储值票和许可票三大类。按计价方式不同，票卡又可分为计次票、计时票、计程票、计时计程票、计时计次票和许可票等六大类。

2.2.1 单程票

单程票是指乘客以一定的金额购得一次旅程服务承诺，只可进行一次进站和一次出站行为的车票。通过系统参数设置，可定义单程票的有效期限和区间。一般分为以下几种：

(1) 普通单程票。它是单程票中使用最多、最广泛的一种车票，乘客购票时完成对票卡的赋值。当日当站限时限距使用，出站回收。

(2) 应急票。应急票有两种使用方式，其中一种是预先对一定数量的车票进行赋值，由车站工作人员人工发售。该种使用方式与普通单程票相同，只是由于其进行了预先赋值，对资金票卡的管理措施有更多要求。采用应急票可解决大客流进站时售票能力不足的问题。

(3) 纪念票。为某种题材专门制作的纪念性票卡，可供收藏用，另定价发行。在有效期内，可以使用。不计程，出站不回收。

回收可重复使用的单程票卡在一定程度内通过必要的程序后，票卡媒介是可循环使用的，这样可降低每乘次的票卡媒介使用成本，但也会给票卡管理增加难度。

2.2.2 储值票

储值票是指可反复充值以保证车票内预存有一定资金，在金额足够的情况下可多次使用，每次使用时可根据费率表扣除乘车费用的车票。储值票可分为以下几种：

(1) 普通储值票。它是储值票中使用最多、最广泛的一种车票。可反复充值使用，每次使用根据费率表扣费。

(2) 优惠票。根据需要给予一定折扣优惠的车票，如老人票、儿童票等。

(3) 纪念票。为某种题材专门制作的纪念性票卡，可供收藏用。

2.2.3 许可票

许可票是一种不同于单程票的储值票的特殊票种，由运营方根据某种特殊需要，赋予特定的使用许可车票。主要包括公务票和测试票，一般分为以下几种：

(1) 公务票。供轨道交通相关从业人员工作使用。

(2) 测试票（test ticket）。测试票是一种对自动售检票系统设备进行维护诊断的特殊车票，只能在设备处于维护模式由维修人员测试设备时使用。

(3) 出站票。出站补票使用，发售当天当站有效，出站回收。

（4）应急票。应急票的另外一种使用方式是预先对一定数量的车票进行应急专用编码，进站时由车站工作人员人工发放，出站时，按实际乘坐情况进行补票、回收，该票种主要是为了避免大客流对部分车站的购票或进站产生冲击，采取先放行进站，再分散到出站口进行补票的处理方式。

（5）乘次票。被赋予固定乘次许可，在有效期及许可范围内可重复使用。通常该种车票在使用时只计次数，不计里程。

（6）当日票。第一次进站使用后被赋予 24h 乘车许可，在 24h 有效期范围内可重复使用。通常该种车票在使用时不计里程。

随着技术和需求的变化，所设置车票的类别、功能和使用方式也将对系统有不同的要求。在不同的使用环境，可将以上几种车票的类型进行组合使用，或者与其他票卡进行兼容使用。运营方也可通过中央计算机系统灵活地对车票种类进行定义扩展。

2.3 票卡的发行及使用

票卡是整个轨道交通自动售检票系统的信息源头。票卡信息的正确有效能确保系统的正常运作；由于票卡是有价凭证，有效票卡的流通实际代表着资金的流动，一旦票卡管理不善将会造成经济损失。在历史上曾出现很多票卡的造假、串换资金等违法行为，既有系统外的不法行为，也有内部人员的舞弊行为，因此，必须从资金管理的角度看待票卡管理。

通常成立专门的机构（可以是运营单位，也可以委托专门单位）负责对票卡的发行、发售、使用、票务处理、回收等全过程进行严格规范的管理。该机构通过对票卡进行初始化，使票卡成为在系统内可使用的媒介。同时，也负责车票的赋值发售、使用管理、进/出站处理、更新、加值、退换、回收、监督管理、注销及黑名单等规范流程的管理。

票卡发行及使用主要包括车票编码定义、初始化、赋值发售、使用、使用管理、进/出站处理、更新、加值、退换、回收等工作环节。

2.3.1 车票编码定义

车票编码定义包含车票类别、车票编号、车票赋值、车票时效、使用范围等信息。

1. 车票类别

车票类别标志了车票的分类情况，对应不同的应用方式和处理规则，车票的类别在编码时确定，乘客可根据自己的需要购买规定范围内不同类别的车票。

2. 车票编号

车票编号可分为卡面编号、物理卡号和逻辑卡号。

（1）卡面编号。卡面编号是票卡生产商在制作车票媒介时印刷在车票表面上的系列编号，可标明生产者代码、批次等信息。

（2）物理卡号。物理卡号是非印刷票卡媒介产品的序列号，并由车票媒介生产厂商在出厂时直接写在车票芯片内，物理卡号可跟卡面编号一致，也可以不同。

（3）逻辑卡号。逻辑卡号是为了确保自动售检票系统能够跟踪流通中车票的使用情况和针对某张或某些车票进行功能设置而赋予的系列编号。在车票初始化时由编码机对票卡进行逻辑卡号的写入。

在车票制作和使用过程中，中心数据库可通过在车票的票面编码、物理卡号和逻辑卡号之间建立相应的关联关系，对车票的使用情况进行有效的防伪和跟踪。

3. 车票赋值

车票赋值也就是车票所含可乘车的资金，它是记录在车票上的，可用于乘坐轨道交通工具的金额。

通常，使用单程票的乘客在出站时如果车票中的票值小于本次旅程的应付费用，则不予放行，需要补足费用后才能出站。使用储值票的乘客在经过本次旅行后，将在票卡预存储的资金中扣除此次旅程的费用，如果票卡中的预存资金金额为零或负值时一般不让进站乘车。

4. 车票时效

各种类别的车票都有各自不同的有效期，车票只能在系统设定的有效期内使用。如果车票即将过期或已过期，须进行延期等更新处理后才能使用。

5. 使用范围

非网络化运营的地铁线路使用各种类别的车票，都有特定的使用范围（如线路、车站等），以规范使用秩序。

2.3.2　车票的初始化

在所有车票投入使用前，必须由专门的机构进行初始化，分配车票在系统内的唯一编号，同时生成车票相关的安全数据。

车票初始化工作是通过编码/分拣机进行的。只有经过初始化后的车票才可分发至各车站进行发售。在初始化时，操作员针对不同类型的车票设置系统参数及系统应用数据来进行初始化编码。

（1）车票初始化时的编码内容一般包括以下数据类型：

1）安全密钥及防伪数据。

2）车票编号数据。

3）车票状态数据。

（2）在对车票初始化时，必须完成以下工作。

1）设备读取本车票上唯一的物理卡号，验证初始密钥。

2）初始密钥验证成功后，将逻辑卡号、安全数据、编号数据及系统应用数据写入车票。

（3）车票数据初始化后，车票信息将上传记录到中央数据库中。

1）轨道交通专用票。由票务清分中心车票管理系统的初始化编码机进行初始化，然后按批次总量分发调配给各线路中央。经过初始化处理后，每张车票都将做唯一标识。

2）公共交通卡。由公共交通卡股份有限公司对其进行初始化处理。未经初始化的车票不可使用。

2.3.3　车票的赋值发售

初始化的车票还须经过赋值处理后才能正常使用。对车票的赋值可由编码/分拣机执行或由车站内的自动售票机、半自动售票机在车票出售时进行。

（1）部分需要提前赋值的车票（如应急票），可在专门的编码/分拣机进行赋值。

（2）对车票进行赋值时，必须对车票进行有效性检查，再将赋值信息写入车票，但不能修改票卡发行时的初始化数据。

（3）对不同类型车票的赋值数据由系统参数确定。

各种车票发售设备是分散在轨道交通服务范围内的，但它们遵循规则必须一致，因而发售设备的发售许可、可发售票卡类型和票价参数等，通常由中央计算机系统下载参数至车站车票发售设备进行设定。车票发售完后，车站车票发售设备将车票信息上传到中央数据库中。

2.3.4 车票的使用

车票通过发售/赋值后，就可投入使用。所有车票的详细使用记录最终需要保存在中央计算机系统，以便对车票使用情况进行统计和分析。车票的每次详细使用记录包括车票类别、车票编号、交易类型、车票交易序号、交易时间、交易设备编号、上次交易时间、上次使用设备、交易金额、车票余值等信息。

当乘客使用了无效（或失效）车票，检票机将拒绝接受，需引导乘客到半自动售/补票机对车票进行票务处理。

车票使用过程举例如下：

(1) 车票在自动售票机或半自动售票机上出售，并写入“出售记录”（如出售时间、线路车站号、售票设备编号、车票赋值/余额、进站等）信息。

(2) 车票经进站检票，进站检票机处写入“进站记录”（如进站时间、线路车站号、进站检票机编号、出站等）信息。

(3) 车票经出站检票机检票，依不同类型车票进行不同的处理，如对乘次票（或储值票）将在出站检票机处写入“出站记录”，并扣除一个乘次（或旅程费用），回收票卡由检票机的回收装置完成，并清除票卡上一次的发售、进站和出站等运营信息。对单程车票恢复初始化数据。

(4) 经出站检票机回收的单程车票，可直接送往自动售票机和半自动售票机进行出售。

2.3.5 车票的使用管理

车票使用管理可分为配发、调拨、赋值与发售、收缴等环节。

1. 配发

由票卡发行单位根据客流情况，将初始化后的车票配发到各车站。

车票制作、发行、注销流程单，如图 2-5 所示。

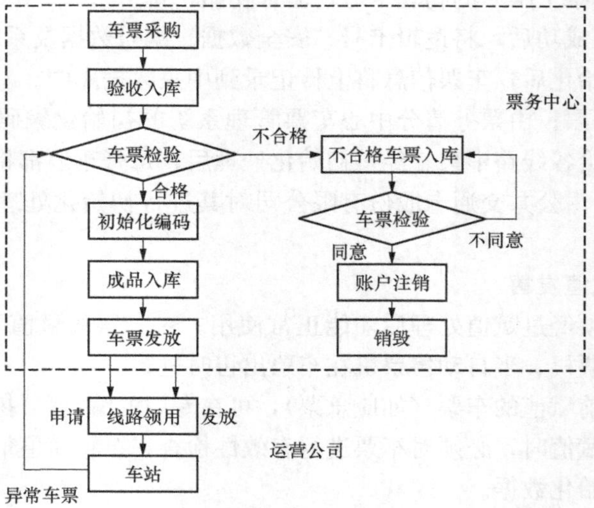

图 2-5 车票制作、发行、注销流程单

2. 调拨

经过一段时间的持续运营，由于客流的不均匀性可能造成车票在各线路、各站上的分布不均匀。有些路线、站点滞留大量的车票，而有些线路、站点则车票短缺，为提高车票的使用效率，可采用调配的方式。

3. 赋值与发售

自动售检票系统通过终端设备（如自动售票机或半自动售票机）完成车票的赋值和发售。

在售出一张车票时，终端设备（半自动售票机或自动售票机）必须将该笔售票信息上传至中央计算机系统。为保证交易完整性和安全性，通常报送的数据包需要包括本地交易流水号、时间、卡号、金额，并且将关键字段进行交易认证码（transaction authentication code，TAC）计算，通过设备中应用软件对每笔交易均产生一个本地流水号。售票交易所具有的连续性流水号和对其进行的交易认证号 TAC 计算，可保证报送至上层系统的交易数据完整性和安全性，从而为实现缴款金额和电子账的对账功能创造条件。

4. 收缴

车票使用一段时间后，必然会出现不同程度的损坏，这就需要进行定期的收缴和更换。车票在初始化编码时，都被编上了初始化时间，系统可根据各种车票的使用情况，设置车票的有效使用期。系统就可在使用环节中及时收缴超出有效期，或者由于折损而不能继续使用的车票。

5. 车票的进/出处理

普通车票的检验遵循一进一出的次序，即先有一次进站，再发生一次出站，如果乘客在进站时未经检票（或标识不清），或者在出站时未经检票（或标识不清），就会造成因进出次序不匹配而导致车票的暂时性无效，通常需要由半自动售/补票机来完成更新。

半自动售/补票机根据进出站次序的检查也可由中央计算机系统来操控，可通过中央计算机系统设定费率表向乘客收取更新后的相关差额费用。

对车票的进出站次序的检查也可由中央计算机系统来操控，可通过中央计算机系统设定某个、某部分或全部的车站对车票进行或不进行出站次序检查，或者对某一类车票的进出站次序进行或无须进行检查。

6. 车票的更新

在半自动售/补票机对车票进行分析后，若为进/出站次序错误、超时、超程等无效原因，则可对车票进行更新处理。中央计算机系统分别设定进/出站码更新的时间和车站限制、进/出站码更新的费用、超时更新的费用、超程更新的计费方式、收费方式、更新次数等。

根据车票的分析结果，如果同时存在两种及两种以上需要更新的项目，则应对每项更新处理进行确认，并按照运营规则进行处理。

在进行更新处理时，半自动售/补票机相应更新车票的进/出站状态、时间及费用，并记录更新标志等信息。

单程票更新操作时不对单程票余值进行修改，通常另行收取费用。更新储值票时，收费可从储值票上扣除收费金额，乘客也可选择用现金另行支付。

7. 车票的加值

储值票可通过半自动售票机或加值验票机进行加值。中央计算机系统可设置加值的金额限制、允许加值的车票类型、加值优惠等。

8. 车票的退换

在乘客要求退票时，半自动售票机能办理退款业务。通常退款处理方式可根据车票是否被损坏而分为即时退款或车票替换两种方式。中央计算机系统可设置退款条件、使用次数限制、余额限制、费用等以确保退票处理有足够的安全性，防止欺骗行为的发生。

对车票进行分析后，符合系统设置参数的车票，如允许被替换的类型、指定的回收条件等可通过半自动售票机进行替换处理。在进行替换处理时，在被替换的车票上写入有关的替换信息，但车票上的原有信息不能被修改或抹除。车票上的所有余值/剩余乘次及优惠信息完全转入新的车票上。

9. 车票的回收

通过出站检票机时，可根据预先的设置，对单程票进行自动回收。通常回收后的车票可通过自动售票机或半自动售票机再次发售。当回收到的车票达到规定的使用寿命或出现损坏不能继续使用时，则不能再进入使用环节，应及时进行回收。

车票的回收也可通过编码/分拣机进行集中分拣，将达到使用周期或受到损坏的车票分拣出来进行回收，分拣条件可由参数设置。

10. 票卡的注销

票卡在频繁的使用过程中，应当建立适当的制度对其使用状况进行及时检查。一旦发现不宜继续使用的票卡要及时注销，删除流通数据库中这些票卡的编号，或将这些注销票卡信息放置进已注销票卡数据库中，并销毁已注销票卡。

3 自动售票机

自动售票机（ticket vending machine，TVM）安装于车站站厅层非付费区，是轨道交通自动售检票（AFC）系统中的自助售票、充值设备。它接收硬币和人民币纸币，为乘客提供自助式轨道交通单程票售票服务及一卡通储值卡充值服务。自动售票机如图 3-1 所示。

图 3-1 自动售票机

3.1 功能与原理

3.1.1 自动售票机概述

自动售票机主要向公众提供自动售票及动态找零的服务。乘客可选择用纸币、硬币、银行卡或有足够余额值的储值票等一种或多种支付手段，通过人机交互操作界面，自助完成购买单程车票的操作，也可使用现金对储值票充值。自动售票机具备纸币、硬币找零功能。自动售票机采取了多项保护和容错措施，保证纸币、硬币的储存安全。通过可靠的数据通信及状态监控，保证了自动售票机数据的完整性、保密性、真实性和一致性。

3.1.2 设备功能描述

自动售票机的基本功能是通过乘客的自助操作完成售票、充值作业，主要包括车票发售、车票充值、找零、车票验证等功能。具体有以下几项：

(1) 目前，自动售票机发售车票种类为轨道交通单程票，在正常模式下乘客可通过投入硬币或人民币纸币方式进行购票。

(2) 自动售票机可通过参数设定 TVM 售票时是否找零。可找零模式下，TVM 提供硬币找零功能。最大允许一次找零金额由参数设定。

(3) 自动售票机可对一卡通及指定范围的地铁专用储值类车票进行充值。充值金额可由参数进行设定。

(4) 自动售票机可对插入的充值卡进行有效性及合法性校验，对于不可识别车票及不可充值车票给出提示，对于进入黑名单但还未锁定的车票写入锁卡标志。

自动售票机的应用功能包括对各部件的工作状态进行自动监控及对本机维护进行管理，

具体有以下几项：

（1）向 SC 上传原始交易数据和设备状态信息。

（2）接受乘客的购票选择，并在购票过程中给出提示信息及操作指导。

（3）配备触摸屏、乘客显示器及运行状态显示器，用于显示轨道交通线路、票价、投入钱币金额及设备运行状态等信息。

（4）可接受乘客投入的现金（或储值票、信用卡等其他付费介质），并自动完成识别，对无法识别的现金（或储值票、信用卡）予以退还。

（5）自动计算乘客投入的现金数量及购票金额，自动找零。

（6）自动完成车票校验、车票发售及出票。

（7）对各部件的工作状态进行自动监测，并向车站计算机系统上报工作状态。

（8）接收车站计算机系统下发的系统运行参数、运营模式及黑名单等信息及控制命令，并执行相应的操作。

（9）存储并向 SC 系统上传原始交易数据和设备状态信息。

（10）当与 SC 系统通信中断时，具有单机工作和数据保存能力。在通信恢复时，应能将保存的交易数据及时上传给 SC 系统。

3.1.3 自动售票机工作原理

自动售票机整体功能通过多个执行部件协调配合来实现，将执行相关功能的部件组合在一起形成模块，既在功能上实现了模块的划分，又在结构上便于进行模块化处理，提高设备的可靠性、稳定性，缩短设备的生产周期及设备的维护时间，简化了设备的维护管理、维护操作。设备能自动检测重要部件的工作状况，记录设备在运行过程中的各个相关状态，记录设备的运行情况等。自动售票机的主控制模块与设备内部的各功能模块采用 RS-232 串行通信端口连接，协调运作实现其所有功能。自动售票机通过以太网与车站计算机相连进行数据交换。

1. 主要技术指标

（1）运行环境。自动售票机运行环境见表 3-1。

表 3-1　　自动售票机运行环境

项目		指标
温度	工作	−30～45℃（带温控模块）
	存储	−27～60℃
湿度	工作	5%～90%（不结露）
	存储	5%～95%（不结露）

注　整机的电源进线通过浸水测试，绝缘性能不会因为受潮而下降。

（2）性能指标：

1）输入电源：220V $^{+10\%}_{-15\%}$，50Hz $^{+4\%}_{-4\%}$。

2）车票处理速度：≤1s/张（从票盒至出票口）。

3）可发售车票种类：2 种。

4）单使用硬币的发售速度：≤3s/张。

5）单使用纸币的发售速度：≤6s/张。

6）硬币检测准确率：≥99.9%。

7）纸币检测准确率：≥99.99%。

8）票箱存储容量：≥1000 张/盒。

9）卡式票卡发售模块数量：1 个。

10）硬币钱箱数量，容量：1 个，≥2000 枚。

11）纸币钱箱数量，容量：1 个，≥1000 张。

12）硬币主找零箱数量，容量：2 个，≥1000 枚。

13）硬币缓存找零箱数量，容量：1 个，≥80 枚，可扩展至 2 个。

14）与 SC 系统的通信速率：100Mbit/s LAN。

15）功耗：待机时小于或等于 200W，工作时小于或等于 300W，启用温控模块时小于或等于 900W。

2. 自动售票机总体架构

自动售票机（TVM）由主控单元、车票处理单元、支付找零单元、人机交互单元、供电及其他辅助单元等构成。自动售票机内部存放购票款、找零款、单程票等有价物品。自动售票机的总体架构如图 3 - 2 所示。

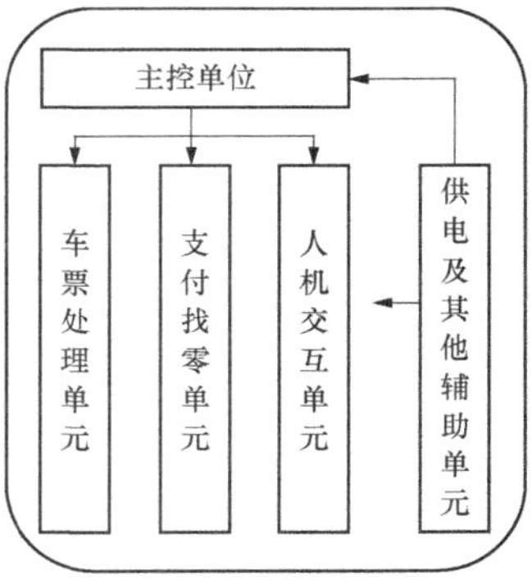

图 3 - 2　自动售票机的总体架构

主控单元是工业级计算机，负责运行控制软件，完成车票处理、显示、数据通信、状态监控等功能，主控单元是整个自动售票机的核心控制模块，由主控单元统一协调和控制各主要模块。

车票处理单元包括单程票处理模块、车票读写器及天线等。自动售票机中的车票处理单元通常依据车票类型分为卡式与筹码式车票发售模块；车票读写器及天线主要用于车票读写及赋值。

支付找零单元包括纸币接收模块、纸币找零模块、硬币处理模块、银行卡处理模块、储值卡处理模块等。其中，纸币接收模块负责支持乘客的支付操作，实现目前市面上流通纸币的识别、传送及存储；纸币找零模块主要实现自动售票机的纸币找零功能；硬币处理模块实现硬币识别、接收及硬币找零；银行卡处理模块主要包括银行卡读写器，读取乘客所持银行卡信息，密码键盘用于输入银行卡密码，从而完成利用银行卡进行支付的操作；储值票处理模块一般用于储值票充值或利用储值票支付购买单程票。

人机交互单元包括乘客显示器、触摸屏、运行状态显示器、密码键盘、凭条打印机、维护面板、多媒体功能模块、按钮等；乘客显示器安装在自动售票机前面板乘客操作范围内，用于显示购票操作的有关信息；乘客通过乘客显示屏上的提示信息进行操作，从而完成购票过程；乘客操作触摸屏通常覆盖于乘客显示器，用于乘客根据乘客显示器上显示的信息，在触摸屏上进行选择操作，完成购票操作；运营状态显示器通常安装在 TVM 顶部，用于显示运营状态等；密码键盘通常用于银行卡操作时密码输入；凭条打印机用于提供自动售票机进行运营及维护时的操作凭证，便于运营账务审计及故障分析；维护面板安装在设备内部，运营维护人员通过维护面板，进行更换钱箱和票箱、设备维修检测及结账操作等；多媒体功能模块用于设备播放多媒体广告及语音提示等；按钮通常用于乘客招援等。

供电及其他辅助单元包括电源模块、不间断电源（USP）、散热风扇、温控模块等部件；电源模块为设备提供电力；不间断电源用于保证断电时自动售票机成功完成最后一笔交易，并确保交易数据不会丢失；散热风扇及温控模块用于确保设备处于正常工作温度。

3. 系统框图、连线图

（1）系统框图。自动售票机的整个系统以主控制器为核心，通过串口和USB口控制各个外围设备的运行，自动售票机系统构成框图如图3-3所示。主控机器采用工业级计算机，负责控制内部各模块部件协调工作及故障检测，并与车站控制中心通信。

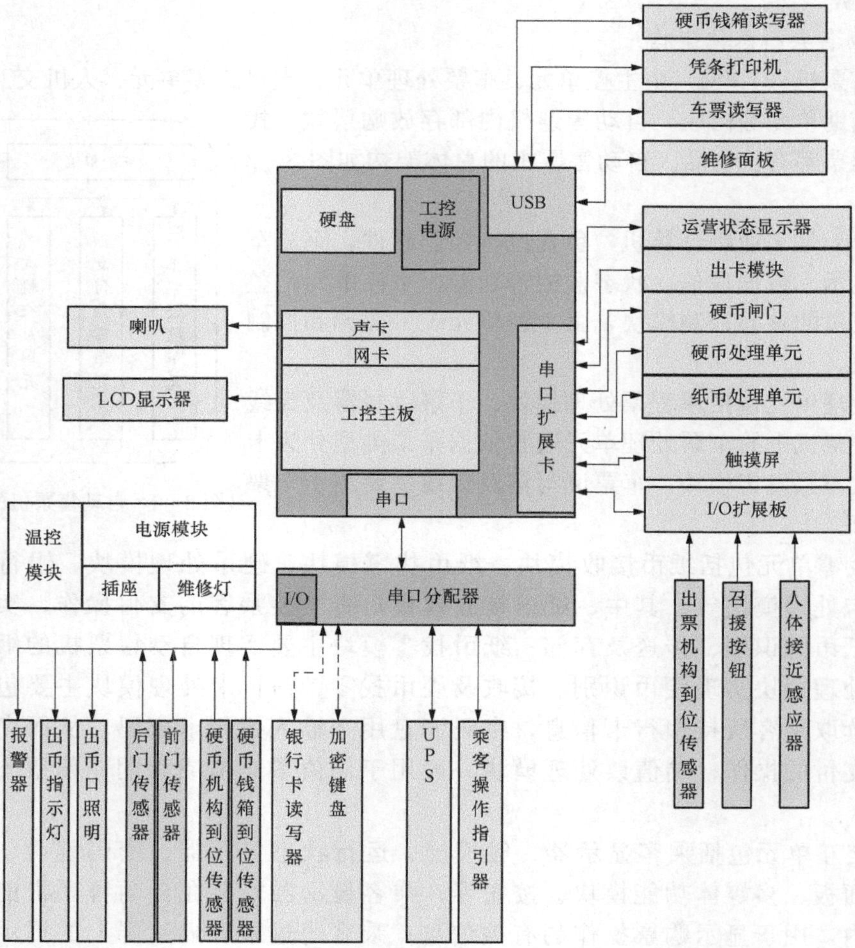

图3-3 自动售票机系统构成框图

（2）供电示意图。自动售票机的供电分为交流供电和直流供电两种，为不同模块的正常工作提供所需电源。

1）交流供电示意如图 3 - 4 所示。

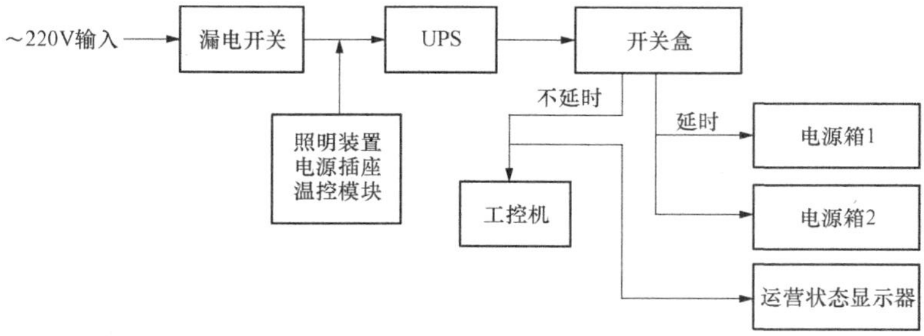

图 3 - 4　交流供电示意

2）直流供电示意如图 3 - 5 所示。

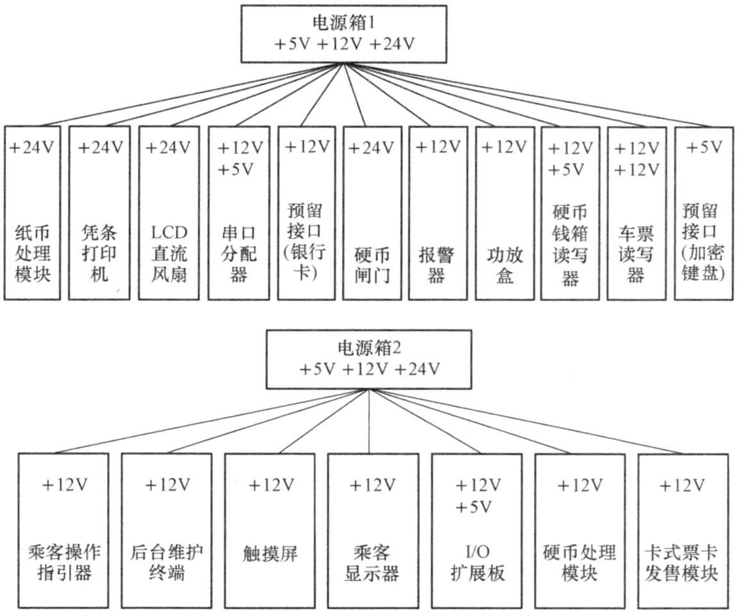

图 3 - 5　直流供电示意

3.1.4　基本处理流程

自动售票机可出售单程车票及对储值卡进行充值。购票票额、购票数量或充值金额可自助选择，自动售票机基本处理流程如图 3 - 6 所示。

3.1.5　工作模式

自动售票机（TVM）通常具有四种模式：服务模式（in service）、暂停服务模式（out of service）、维修模式（maintenance）、关闭服务模式（close）。上述四种模式可通过 TVM 或 SC 命令进行设置与切换。TVM 运行在相应工作模式时，在运行状态显示屏和乘客显示屏有明显的提示信息。

1. 服务模式（in service）

服务模式即指 TVM 处在正常状态，此时 TVM 具备完整的售票和找零功能。当其中某个与票款相关的模块发生故障时，TVM 将自动降级运营。此时按支付方式的不同又可分为

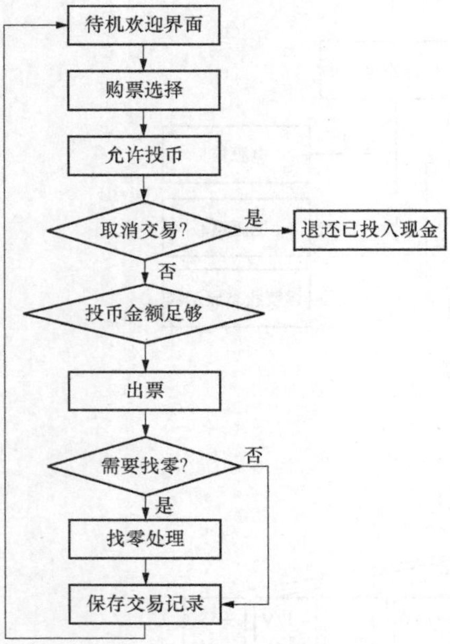

图 3-6 自动售票机基本处理流程

下列几种模式。

（1）找零/无找零模式。

1）切换条件。

a. 可通过参数或车站计算机系统下达命令进行设置。

b. 当找零装置中的纸币和硬币低于最少存币值时，自动售票机能自动转换为无找零模式；当找零装置中的纸币和硬币数量达到最少存币值时，自动售票机能自动转换成找零模式。纸币找零和硬币找零的最少存币量可通过参数进行设置。

2）技术分析。在找零模式下，自动售票机无论接收硬币或纸币均具备找零功能。纸币和硬币零钱将从同一找零口返还给乘客。找零策略是先找纸币后找硬币，先找大面额后找小面额。自动售票机将根据当前找零资源、最大允许找零金额等数据，实时计算可接收的钱币种类，在乘客显示器上显示、引导乘客操作。

当乘客投入较大面额纸币，找零金额超出最大允许找零金额时，自动售票机将不接受该纸币，并提示乘客使用较小面额纸币。最大允许找零金额可通过参数设置。

自动售票机运行在无找零模式时，可接受硬币和储值卡进行交易，同时在运营状态显示器和乘客显示器上有明显的提示，告知乘客当前设备运行在暂无找零的状态下。同时，将此状态信息上报车站计算机系统。

（2）只收硬币模式。

1）切换条件。

a. 可通过参数或车站计算机系统下达的命令进行设置。

b. 当纸币接收装置不能继续工作（包括纸币钱箱满、纸币接收装置发生故障、模块维护后未恢复到位等）时，自动售票机也将自动转为只收硬币模式。

c. 纸币找零存币量低于参数设置的最少纸币存币量时。

2）技术分析。在只收硬币模式下，自动售票机只接收硬币和储存卡，纸币投币口关闭，不接收纸币。

自动售票机运行在只收硬币模式时，在运营状态显示器和乘客显示器上将有明显的提示，告知乘客当前设备只能接收硬币。

自动售票机进入只收硬币模式时，将此信息上报到车站计算机系统。

（3）只收纸币模式。

1）切换条件。

a. 可通过参数或车站计算机下达的命令进行设置。

b. 当硬币接收装置不能继续工作（包括硬币钱箱满、硬币接收装置发生故障、模块维护后未恢复到位等）时，自动售票机也将自动转为只收纸币模式。

2）技术分析。在只收纸币模式下，自动售票机只接收纸币和储值卡，硬币投入口关闭，不接受硬币。

自动售票机运行在只收纸币模式时，将此信息上报到车站计算机系统。

2. 暂停服务模式（out of service）

（1）切换条件。当自动售票机发生故障、票盒空或钱箱满不能继续提供服务时，自动售票机将自动转化为暂停服务模式。自动售票机在下列条件下，进入暂停服务模式。

1）2个票盒内的车票用完。

2）硬币、纸币和储值卡都不能接收。

3）车票传输机构故障。

4）其他故障。

（2）技术分析。自动售票机运行在暂停服务模式时，不再提供售票服务，在运营状态显示器和乘客显示器上将有明显的提示。故障排除后，自动售票机自动进入取消暂停服务模式，恢复售票服务。

自动售票机进入暂停服务模式时，将此信息（包括故障代码）报告车站计算机系统。

3. 维修模式（maintenance）

（1）切换条件。

1）可通过参数或车站计算机系统下达的命令进行设置。

2）通过自动售票机内部维护面板或移动维护终端进行设置。

（2）技术分析。在维护模式下，自动售票机停止售票服务，可对自动售票机进行维护，查看或打印维护信息。

4. 关闭服务模式（close）

（1）切换条件。当接收到中央计算机系统、车站计算机系统启动关闭运营模式指令时，或者每天运行结束后，自动售票机能自动转为关闭模式。

（2）技术分析。在关闭服务模式下，自动售票机停止车票发售，并自动进入节能状态，但自动售票机仍处于与车站计算机的通信连接状态，并可报告自动售票机的运行状态和其他信息。

3.1.6 数据管理

自动售票机通过车站局域网网络连接到车站计算机系统（station computer system，SCS)，上传车票交易信息、寄存器及设备运行状态日志等数据信息；接收车站计算机系统或线路中央计算机系统（line center computer system，LCCS）下传的命令、票价表、黑名单及其他参数等数据，对版本控制参数执行自动生效处理；具有与车站计算机系统同步时钟的功能。

自动售票机在与车站计算机系统及线路中央计算机系统通信中断的情况下，能在单机运行模式下工作，同时至少保存50 000条交易数据及7日的设备数据；所保存的数据在必要时，根据需要删除最不重要或最旧的数据。在与车站计算机系统及路线中央计算机系统通信恢复后自动上传未传送的数据。

3.1.7 人机接口和操作界面

自动售票机的操作主要分为外部操作和内部操作两种。外部操作指乘客购买单程票的操作；内部操作指车站票务人员进行加票、加币、清币、钱票箱的操作和维修人员进行维护、维修的操作。

自动售票机通常以液晶显示器作为乘客显示器，以操作触摸屏作为乘客的基本操作工具，使用纸币、硬币、储值卡（公交一卡通）等方式购买单程车票，每次操作可购买多张单程票，支持纸币和硬币找零。

自动售票机的人机界面由轨道交通票务清分中心（清分系统）统一规划和管理，自动售票机接收票务清分中心下载的文件以更新界面显示。

3.2 模块构成及功能

自动售票机主要由主控单元、触摸屏、乘客显示器、运营状态显示器、车票读写器及天线、纸币处理系统、硬币处理系统、车票处理系统、银行卡系统（预留）、综合控制器、维护面板/移动维护终端接口、凭条打印机、电源模块及机壳等部件组成。

现金处理设备和车票处理设备是自动售票机的两大主要部件。现金处理设备又包括现金识别设备和现金找零设备，能对硬币和纸币进行识别和找零。在配置自动售票机的现金处理设备时，通常硬币识别设备和硬币找零设备是必须配置的，同时可根据实际需要确定是否需要配置纸币识别设备及纸币找零设备。因此，要求自动售票机在结构设计上必须是模块化的，以保证设备可灵活地配置各种部件。纸币找零设备相对简单，通常只提供固定面额的纸币用于找零，用于找零的纸币一般需要在运营开始之前人工放入纸币找零箱内。

在实际使用中，硬币识别设备和纸币识别设备允许识别的币种除识别设备本身的设置外，还可通过运营参数设置。同时，允许找零的个数也应由参数设置。

3.2.1 自动售票机外观与结构

自动售票机前面板外观结构如图 3-7 所示。

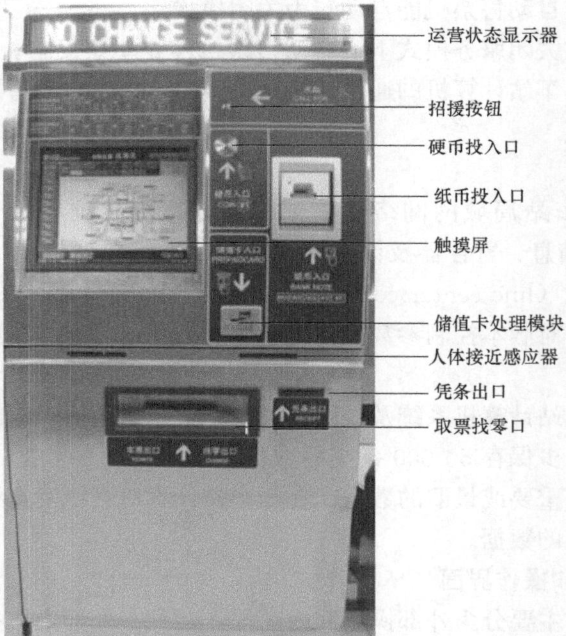

图 3-7 自动售票机前面板外观结构

自动售票机整机内部采用模块化设计，结构清晰，自动售票机内部结构布局如图 3 - 8 所示。

图 3 - 8 自动售票机内部结构布局

3.2.2 机壳

自动售票机机壳通常由不锈钢材料组成（2mm），表面抛光，边角呈圆形，有前后两个机门：前门一般采用上掀式打开，展开角度小于 90°，对承重门铰链要求比较高，采用不易变形、牢固的设计；后门一般采用双开门，展开角度大于或等于 160°。这两种门都可接触到内部模块。门锁使用垂直锁杆或复合型锁扣，具有防盗、牢固、易操作的设计要求。

3.2.3 设备内部供电系统

TVM 使用了具有延时功能的开关盒和两个电源箱，位于自动售票机的底部。外接总电源的进线接在一个 220V 交流电源（AC）输入终端模块上，通过不间断电源到开关盒，开关盒到电源箱、主控单元、运营状态显示器等，终端提供火线、零线和接地线。作为 AC - DC 转换部件及 DC - DC 转换部件的电源箱，分别给设备内部的各主要模块供电。

1. 电源箱

自动售票机的主电源模块输入 $220V^{+10\%}_{-15\%}$，$50Hz^{+4\%}_{-4\%}$的交流电，输出 5、12、24V 的直流电，为整机部件提供电力，主电源模块外观如图 3 - 9 所示。它结构紧凑、性能可靠，整机稳压精

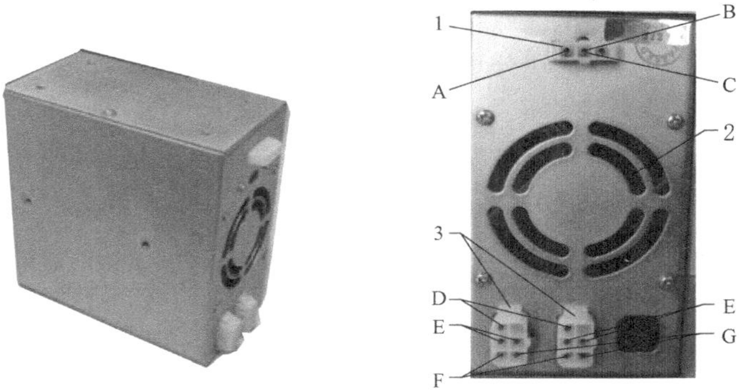

图 3 - 9 主电源模块外观

1—交流输入；2—散热风扇排气孔；3—直流输出；
A—零线；B—地线；C—火线；D—+12V；
E—GND；F—+24V；G—+5V

度高，输出效率高。主电源模块性能指标见表 3-2。

表 3-2 主电源模块性能指标

项目	指标
输入电压	交流 220V$^{+10\%}_{-15\%}$，50Hz$^{+4\%}_{-4\%}$
输出电压	直流 5、12、24V
电源调整率	≤0.5%
电流调整率	≤1.0%
纹波系数	≤0.05%（U_o>24V 时）
负载率	0～100%
使用率	≥80%
效率	≥80%
隔离电压	输入对外壳：AC 1000V/min（漏电流小于或等于 10mA）；输入对输出：AC 1000V/min（漏电流小于或等于 10mA）
绝缘电阻	符合 GB 4943.1—2022《音视频、信息技术和通信技术设备第 1 部分：安全要求》对绝缘电阻的要求，≥2MΩ
接地电阻	≤0.1Ω
功率保护	具有过热、过流、短路、过压、欠压保护功能

2. 电源开关盒

电源开关盒的主要作用是对进线电源进行再分配，给自动售票机各部件提供电源和备用电源，其主要作用如下：

（1）控制整机的电源通断。

（2）对整机的电源起过流保护作用。

（3）对整机电源起滤波作用。

（4）交流模块分步启动。

3. 漏电保护开关

当整机出现漏电现象时，漏电保护开关会通过烧断熔丝切断整机电源，起到安全保护作用。漏点保护开关性能指标见表 3-3。

表 3-3 漏点保护开关性能指标

项目	指标
额定电流	10A
壳架等级额定电流	32A
额定漏电动作电流	30mA
额定漏电不动作电流	15mA
极数	1+N

4. 不间断电源

不间断电源作为自动售票机的后备电源，用于确保设备在断电后完成最后一笔交易。不间断电源外观如图3-10所示。

在正常供电时，UPS向电源模块提供稳定的供电，同时对电池自动充电。当突然停电时，UPS可立刻切换到电池逆变供电，使设备可在电源发生短暂中断的情况下保持正常工作，如果主电源模块中断供电时间超过了1min，设备会先停止正要处理的事务，在完成通信接收的工作后进行关机，直到电源恢复后才重新工作。

图3-10 不间断电源外观

不间断电源性能指标见表3-4。

表3-4 不间断电源性能指标

项目	指标
负荷标准	1kVA/700W
输入电压	160～300V AC
输入频率	45～55Hz
输出电压	(220±10%) V AC
输出频率	(50±1)Hz
输出波形	正弦波
转换时间	零中断
接口	RS-232
特性	具有过载、短路、过热、高压、欠压保护功能
电池	采用密封式免维护铅酸蓄电池
机械性能	普通直立式
可靠性	MTBF≥100 000h

注 MTBF为平均无故障时间。

3.2.4 主控单元

自动售票机内部使用的计算机（工控机）又称主控单元，负责对各模块运行控制，完成车票处理、现金处理显示，和数据通信、状态监控等。工控机外观如图3-11所示。

图3-11 工控机外观

主控单元采用32位高性能处理器，符合工业级应用标准，具有良好的抗电磁干扰性能，能保证整机全天24h不停机的稳定运行，通过设备内配置的不间断电源，在失电的情况下能保证完成最后一次交易过程。

设备主控单元内置实时时钟维持当前日期及时间，其准确性为±1s/d。时钟在电池供电下工作，电池寿命大于10年，不需人工调整闰年、年尾、月尾及星期。

安装在设备主控单元内的设备控制软件可由LC或SC通过网络下载或便携式设备下载。主控单元配置了80GB硬盘，能至少保存7d的交易数据和设备数据，可在与LC或SC通信中断情况下能单机运行。

主控单元有复位按钮，可在必要时提供复位功能。

主控单元的主要功能如下：

（1）控制底层设备运行，接收处理来自底层设备的信息。

（2）控制与管理TVM整机工作流程。

（3）向客户提供交易界面。

（4）与AFC系统主机通信。

工控机性能指标见表3-5。

表3-5　　工控机性能指标

项目	指标
型号	IPC-004
主板	工业级Socket478架构
CPU	Intel Pentium4 2.4GHz
内存	512MB
显示	支持CRT、LCD
电子硬盘	64M
存储	80GB硬盘
以太网卡	自适应10/100M
声卡	5.1声道
Watch Dog	符合工业级应用标准
USB接口	USB 2.0×6
板载串口	RS-232×2
串口扩展卡	RS-232×8
全钢化工业机箱	较强的抗电磁干扰能力，散热效果好
工作温度	0～60℃

TVM的工控机采用立式全钢化工业机箱，并在结构上考虑完全屏蔽，具有较强的抗电磁干扰能力；散热性良好，自带电源，硬盘及软驱装在机箱内，形成独立一体的工控机。工业PC由于采用底板＋CPU卡结构，因而具有很强的输入输出功能，能提供较多的串口、USB接口等。

3.2.5　纸币处理单元

1. 功能描述

纸币处理单元主要由纸币识别器和纸币钱箱组成，具有纸币的接收、识别、暂存、原币返还、找零等功能。纸币处理单元外观及主要结构组成如图3-12所示。

纸币处理单元是自动售票机的重要组成部分，接收乘客投入的纸币，经纸币识别器确定投入纸币的有效性，将非法和无效纸币返还给乘客，将有效的合法纸币保存至纸币钱箱，实现纸币支付功能。纸币处理单元能接收13种不同纸币，自动售票机接收的纸币种类可通过参数设置，也可通过票务清分中心下发的文件进行设置，纸币可以4个方向任意插入，不会影响其检验正确性。

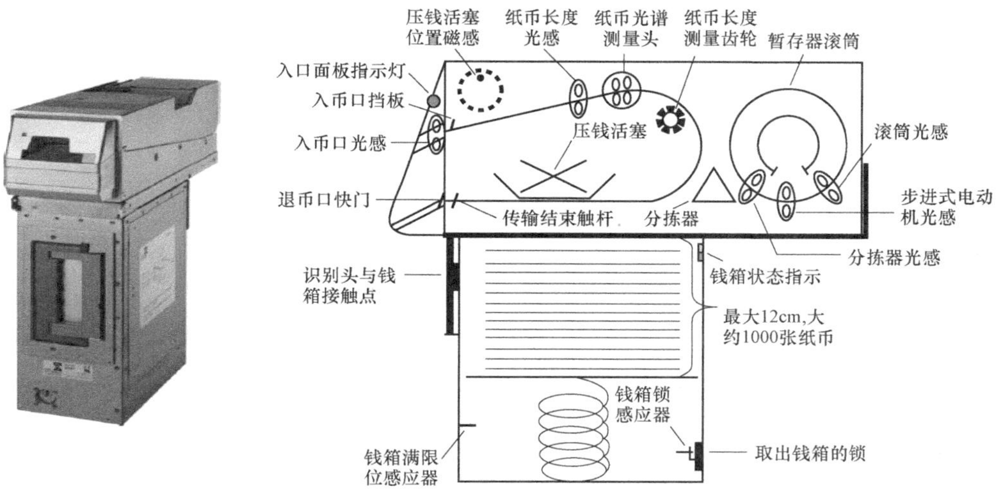

(a) (b)

图 3-12 纸币处理单元外观及主要结构组成

(a) 外观；(b) 结构组成

纸币处理单元可通过升级数据库进行新增纸币数据更新，通过参数设置自动售票机接收新增加的纸币。

纸币处理单元具有暂存模块、原币原退功能，暂存箱容量为 15 张，可通过参数设置暂存张数。

采用堆叠式的纸币钱箱，可存储 1000 张纸币，并整齐堆叠。

2. 性能指标

纸币处理单元性能指标见表 3-6。

表 3-6　纸币处理单元性能指标

项目	指标
识别纸币的方法	单张纸币识别
纸币插入方向	4 个方向，纸币识别器对纸币的放入无方向性要求
能接受的纸币种类	13 种
从插入有效纸币到生效时间	1.4s
两张纸币间隔时间	<3.0s
识别能力	能识别中华人民共和国现有流通的所有 1、2、5、10、20、50、100 元人民币
纸币首次插入识别率	≥98%
对已发现的假币拒收率	100%
故障率（包括卡纸币）	<0.0034%，此指标所指的故障是包括卡纸币在内的全部停机故障
暂存空间	最多可暂存 15 张纸币
纸币钱箱	堆叠式，容量 1000 张，自动整齐码放
可靠性	MCBF≥30 000 次，MTBF≥18 月，MTTR≤30min

注　1. MCBF 为故障之间的平均周期；MTBF 为平均无故障时间；MTTR 为平均修复时间。

2. 上述参数为一般设置，实际值随着具体变量的不同及系统改进而不同。

3. 纸币处理单元组成结构

纸币处理单元主要由机芯组件（包括纸币传送通道、纸币检测识别器、暂存器）、钱箱组件（包括钱箱和钱箱支架）组成。纸币处理器执行纸币单元的纸币识别、暂存、移送等功能，接收到的纸币存放在钱箱中，钱箱通过钱箱支架安装。

4. 纸币单元工作原理及工作流程

(1) 工作原理。纸币处理单元对乘客购票时投入的纸币进行真假识别、接收、原币返还等操作，乘客购票后还要进行找零、存入纸币等操作。

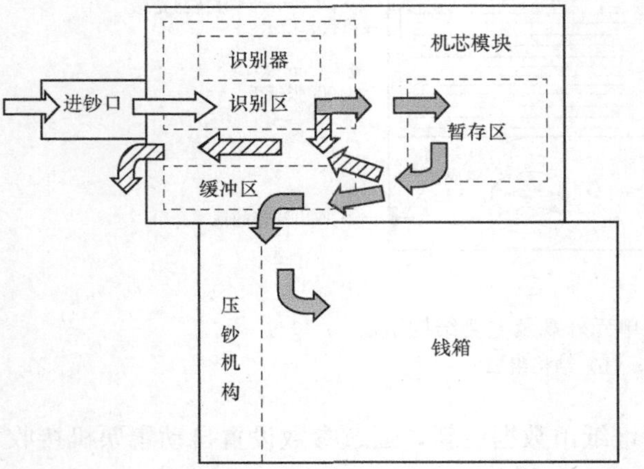

图 3-13 纸币单元处理流程

(2) 工作流程。纸币单元处理流程如图 3-13 所示，箭头代表纸币在纸币处理单元内部的传送通道，也是纸币的运动轨迹。

纸币处理单元的详细工作流程描述如下：

1) 当乘客使用纸币准备买票时，纸币处理器收到接收纸币命令，点亮进钞口绿色指示灯，提示机芯工作正常，可插入纸币。

2) 乘客将纸币平整地插入进钞口，纸币机芯模块对插入物进行初步判断，如认定为纸币，则打开进币口马达，吸入纸币，并自动纠正没有垂直插入的纸币。

3) 吸入的纸币进入传送通道（transport system），通过纸币传感器放置在中间位置。在纸币识别区经传感器提取纸币合法性及面额特征，采用先进的纸币识别方法对纸币的真伪进行判断，如果纸币是真币且符合接收要求，将会被存放在纸币暂存区（escrow）并等待乘客将更多的纸币插进来，暂存器通常可收集 15 张纸币；如果为假币或非法纸币，将直接由退币口退还给乘客。整个过程不超过 2s。

4) 如果本次购票成功，则将暂存区的纸币传送至缓冲区（压钞区），压入钱箱存储；如交易失败或取消交易，则将暂存区的纸币由退币口退还给乘客。钱箱设有位置检测传感器，可对钱箱满或将满的状态做出判断，如果钱箱已满，纸币处理单元关闭进币口，停止接收纸币。

5. 纸币识别器

(1) 组成。纸币识别器由纸币传送部分、纸币检测器、数据模块、投币口、退币口等组成。纸币识别器打开后的状态如图 3-14 所示。

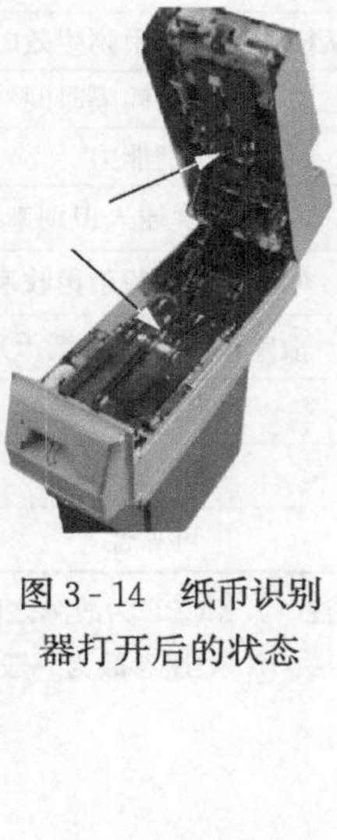
图 3-14 纸币识别器打开后的状态

(2) 特点。纸币识别器的纸币投币口符合人机工程学设计，安装位置方便乘客投币，纸币投币口有明显的标志提示乘客投币。纸币投币口下方具有导水孔，可防止有水倒入进币口而造成的破坏，其边缘光滑不会伤害乘客。

乘客选择退币时，纸币通过退币口返还给乘客，在自动售票机暂停接受纸币、暂停服务或关闭时，投币口能关闭不接受纸币（指示灯关闭）。

6. 纸币钱箱

纸币钱箱位于纸币识别器的下方，用于存放客户投入的纸币，纸币钱箱外观如图 3 - 15 所示。其中，绿色表示钱箱空了，可重新装入；红色表示在使用中钱箱装满钱，可取钱。

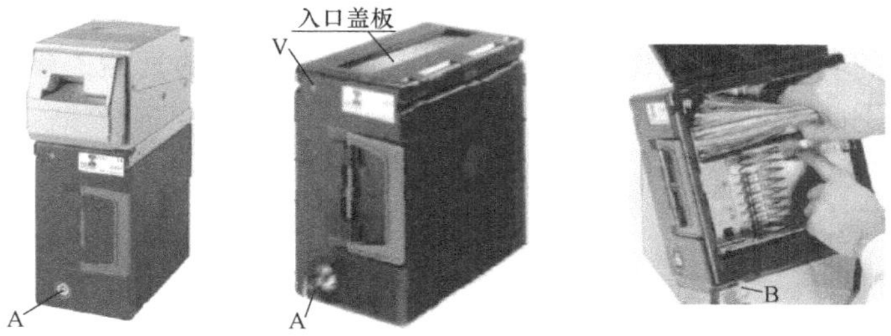

图 3 - 15　纸币钱箱

"A"—A 锁；"B"—B 锁；"V"—指示灯

（1）工作原理。纸币钱箱具有独立的非接触式 IC 卡和存储单元用来记录纸币钱箱的操作和纸币数据。存储单元记录信息掉电不会丢失。移动或更换钱箱需要正确登录后进行，否则自动售票机报警。输入密码登录，登录成功后需在 60s 内完成钱箱取出或安装操作，否则系统自动退出。

纸币钱箱记录纸币数量，当满或将满时可自动通知主控单元。纸币钱箱具有双锁功能，A 锁用于将纸币钱箱从钱箱支架取下，B 锁用于打开纸币钱箱盖，并且设置一个机械装置让纸币钱箱的入口盖板恰好打开一次。只有两把钥匙共同作用时，才可打开纸币钱箱取出保存的现金。当纸币钱箱从自动售票机的存放座上取走时，纸币钱箱的入币口盖板能自动关闭，操作人员无法接触到纸币。此时再使用第二把钥匙即可把纸币钱箱打开。

（2）取钱步骤。

1）解锁钱箱：将 A 锁按锁紧箭头的反方向完全旋转 360°，关闭钱箱支架上的开关，同时闭合钱箱的入口盖板，钱箱得以释放。

2）拿出钱箱：将钱箱从钱箱支架上拉出，此时的钱箱处于完全闭合状态，可将其送往收益中心。钱箱未经授权无法打开，直到 B 锁被启动为止。

3）打开钱箱：将钥匙 B 按逆时针方向，即顺着"打开"的箭头方向旋转 180°将钱箱门打开。此时指示灯 V 变为绿色。

4）取出钱箱中的钱：用力拉下压力板，可将钱箱内的钱取出。

5）重新关闭钱箱：关闭钱箱门，用钥匙 B 按顺时针方向，即与"打开"箭头相反的方向旋转半圈将钱箱闭合。

6）重新插入钱箱：检查指示灯 V 是否仍为绿色（如果指示灯 V 是红色的，则不能安装钱箱，需检查装置）。将钱箱插入纸币识别器下方的支架轨道中。

7）锁紧钱箱：将钥匙 A 按锁紧箭头的方向完全旋转 360°，把纸币钱箱锁死在钱箱支架上，同时打开入口盖板。指示灯将变为红色，系统进入可操作状态，准备好将纸币送进纸币钱箱内。

纸币钱箱开箱操作步骤如图 3 - 16 所示。

3.2.6 硬币处理单元

1. 功能描述

硬币处理单元主要由硬币投币口、硬币接收器、专用找零箱、硬币钱箱等组成，硬币处理单元外观如图 3-17 所示。其主要实现硬币的接收、识别、原币返还、找零、循环找零、清币等功能，是整个自动售票机的核心模块之一。硬币接收器能接受 6 种不同硬币参数设置，并能根据硬币的直径、材质及厚度等参数指标辨别硬币的真假。硬币检测准确率大于 99.9%，对无法识别的硬币给予退币处理。

钥匙插入钱箱

旋转钥匙直到完全关闭锁，拉出钱箱

图 3-16 纸币钱箱开箱操作步骤

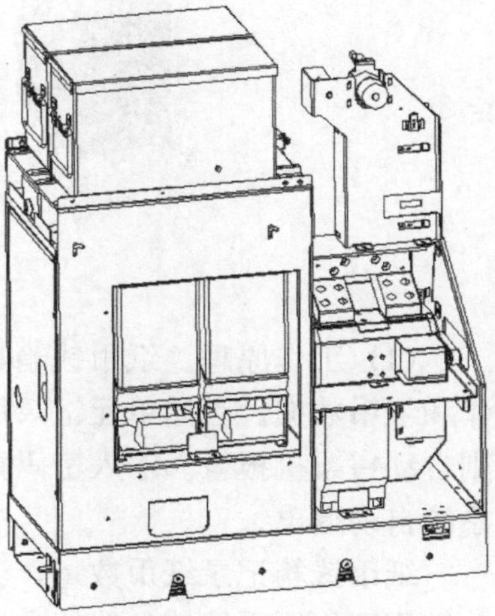

图 3-17 硬币处理单元外观

2. 性能指标

硬币处理单元性能指标见表 3-7。

表 3-7 硬币处理单元性能指标

项目	指标	项目	指标
工作温度	−10～+50℃	硬币找零速度	每秒 10 枚
储存温度	−20～+60℃	缓存找零器容量	100 枚
相对湿度	20%～95%RH 不结露	加币箱容量	10 000 枚
电气接口	24V DC	硬币钱箱容量	20 000 枚
通信控制接口	脉冲	1 元专用找零箱容量	10 000 枚
可接收硬币	第四、五套的 1 元和 5 角硬币	5 角专用找零箱容量	10 000 枚
识别速度	每秒 5 枚	可靠性	MCBF≥100 000 次，MTTR≤30min

注 上述参数为一般设置，实际值随着具体变量的不同及系统改进而不同。

3. 硬币处理单元设计原则

为简化硬币单元的结构和控制系统，提高可靠性，该单元对于硬币运动通道的设计原则如下：

(1) 硬币投入、补充、找零通道光滑、畅通、无阻挡。

(2) 硬币的运动依靠自重驱动而不采用其他动力驱动；所有通道之间的接口均是下通道

口稍大于上通道口，这样保障了硬币在通道内能够顺畅运动。

(3) 在安装维护方面，硬币模块与外部连接的线缆采用转接的方式，以便在安装和拆卸模块时不需移动线缆。整个模块采用导轨拖拉方式，在维护时，可把模块拖拉到自动售票机外部进行维护，而不需要把模块拆卸下来。

(4) 现金安全方面，硬币的主要载体有加币箱、专用找零器和缓存找零器。非授权人员不能直接接触到专用找零器中的现金。缓存找零器则采用一个金属盖把开口封住，避免现金暴露。

(5) 硬币投币口及退币口符合人机工程学设置，方便乘客投入硬币并能有效防止卡币，且具有明显的标志指示乘客投入硬币或取回硬币。

(6) 自动售票机暂停接收硬币、暂停服务或关闭时，投币口关闭不接收硬币。

(7) 币口及退币口具有防水的措施，其边缘光滑不会伤害乘客。

4. 硬币处理单元组成结构

硬币处理单元主要由硬币投币口、硬币接收器、硬币暂存器、缓存找零器、专用找零箱（也称主找零器）、硬币钱箱、补（加）币箱、硬币换向器、通道及支架等组成，硬币处理单元布局如图 3-18 所示。硬币处理单元可通过参数设置增加新硬币种类，而不需进行任何软件及硬件的更改。在交易取消时，硬币处理单元具有退还乘客投入的硬币的功能。

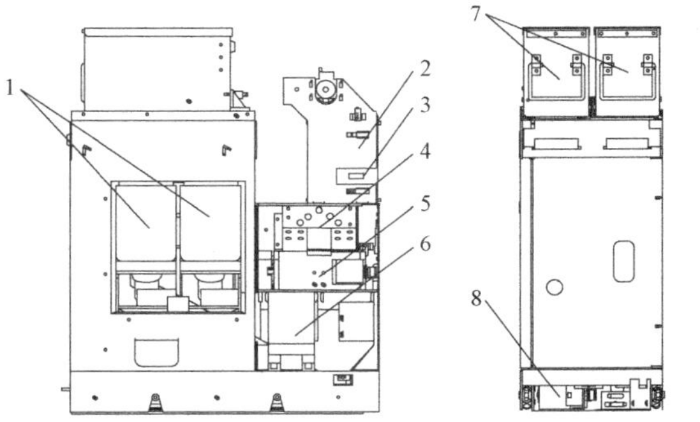

图 3-18 硬币处理单元布局

1—专用找零箱；2—凸轮模块；3—硬币接收器；4—分币通道；5—硬币暂存器；6—缓存找零器；7—补币箱；8—硬币换向器

硬币暂存器放在硬币接收器的下面，负责暂存硬币接收器识别通过的硬币，当乘客取消操作后，硬币暂存器会把投入的硬币返还给乘客。当乘客成功交易时，硬币暂存器就会把硬币倒入缓存找零器以实现循环找零功能，或者倒入硬币钱箱储存。

缓存找零器提供硬币循环找零功能，能够接受并缓存 2 种不同的硬币用于找零，每种硬币的存币量 100 枚。当缓存找零器内硬币存量不足时，能自动将乘客投入的硬币导入进行补充，以减少专用找零器补充硬币的次数。

自动售票机配置 2 个硬币品种的专用找零箱，在缓存找零器中的硬币已用完的情况下，专用找零箱就开始工作，来替代缓存找零器的找零功能。每个专用找零箱的容量不少于 1000 枚。

硬币处理单元中专用找零箱和缓存找零器存储的硬币能通过命令清空。清空命令可通过车站计算机系统下达，也可按规定就地操作。该过程的完成不超过 10min。

硬币换向器安装在硬币暂存器和找零口、硬币钱箱之间。通过控制硬币换向器的挡板把硬币导向不同的通道，从而使硬币流向找零口或存入硬币钱箱。

自动售票机配置轻质材料的硬币钱箱，硬币的存币量不少于 2000 枚。硬币钱箱具有双锁功能，只有当两把钥匙共同作用时才能打开硬币钱箱。硬币钱箱带有信息模块，每个硬币钱箱具有独立的电子编号，储存的数据不怕掉电。信息模块储存电子编号、硬币类型、硬币计数等数据。

硬币投币口及退币口符合人机工程学设计，方便乘客投入硬币并能有效防止卡币，且具有明显的标志指示乘客投入硬币或取回硬币。在自动售票机暂停接收硬币、暂停服务或关闭时，投币口还具有防水的措施，其边缘光滑不会伤害乘客。

硬币处理单元作为整体模块，使用导轨整体安装，维护时可向外拉出。投币口安装在前面板付费区域，在默认状态是关闭的，需要投币时自动打开，交易完成后自动置关闭状态。

5. 硬币单元工作原理及工作流程

(1) 工作原理。硬币处理单元对乘客购票时投入的硬币进行真假识别、接收、原币返还等操作，乘客购票后还要进行找零、存入硬币等操作，运营结束时还要完成清币等操作。

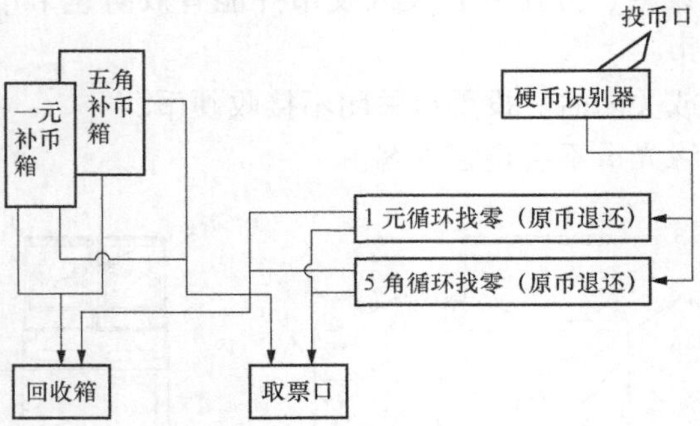

图 3-19　硬币单元处理流程

(2) 工作流程。硬币单元处理流程如图 3-19 所示，箭头代表纸币在硬币处理单元内部的传送通道，也是硬币的运动轨迹。

硬币处理单元的详细工作流程描述如下：

1) 硬币识别接收。乘客购票操作时，投币口阀门打开，硬币由投币口进入硬币接收器。不能识别的硬币或不符合参数硬币退还到取票口直接退给乘客，识别为真币且符合接收要求的硬币进入硬币暂存器，并等待乘客将更多的硬币投进来。

硬币识别器在同一时刻只能识别一个硬币，当乘客欲同时投入多个真币或假币时，卡币电磁铁动作将投入的硬币全部从退币口退出，硬币单元投币口电磁铁打开并接收下一次投币。

当乘客取消交易时，硬币暂存器将硬币倒入找零口退还给乘客，实现原币返还功能。

2) 找零。硬币处理单元有主找零器和缓存找零器作为循环找零用。需要找零时先由缓存找零器找出，缓存找零器中硬币不足时由主找零箱直接找零，缓存找零器则回收暂存器内的硬币直到满时才开始找零。若 TVM 中所存放硬币少于所设定下限时，设备进入拒收硬币模式，硬币数达到一定数量（参数设置）时，恢复接收硬币功能。

3) 存入硬币。当交易完成时，硬币暂存器内的硬币会根据实际情况选择倒入缓存找零器还是硬币钱箱。缓存找零器通常可存放 100 枚硬币，当允许循环找零且缓存找零器未满时，硬币倒入缓存找零器，否则自动导入硬币钱箱。如果硬币钱箱和缓存找零器都满，硬币单元投币口电磁铁关闭，不接受投币但可找零。当缓存找零器空时，硬币单元又可接受投币。

4) 清币。自动售票机（TVM）一天交易结束后，要把找零器内的硬币清空倒入钱箱。清空时按一定的顺序依次清空主找零器和缓存找零器内的硬币，同时对硬币计数。

清币及找零均有计数，专用找零箱、缓存找零器、接收硬币、退出硬币均具有精确计数。操作员添加硬币时也需先登录维护面板，再手动输入加币数量。

针对不同情况，硬币处理单元的具体处理流程如下，箭头代表当前情况下硬币在硬币处理单元内部的传送通道，也是硬币的运动轨迹。

1) 无效硬币处理。无效硬币处理流程如图 3-20 所示。

2) 有效硬币处理。有效硬币处理流程如图 3-21 所示。

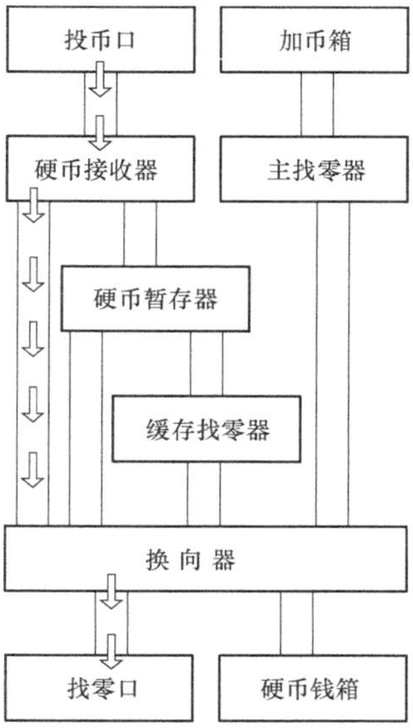

图 3-20 无效硬币处理流程

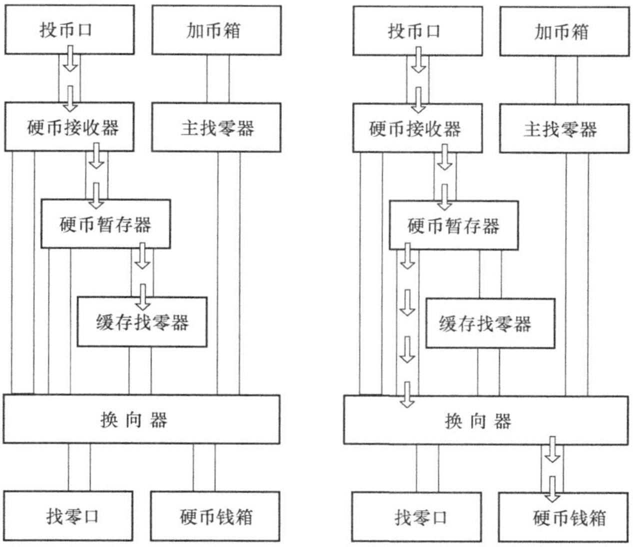

(a) (b)

图 3-21 有效硬币处理流程

(a) 存硬币处理（缓存找零器未满）；(b) 存硬币处理（缓存找零器满）

3）硬币找零处理。硬币找零处理流程如图 3-22 所示。

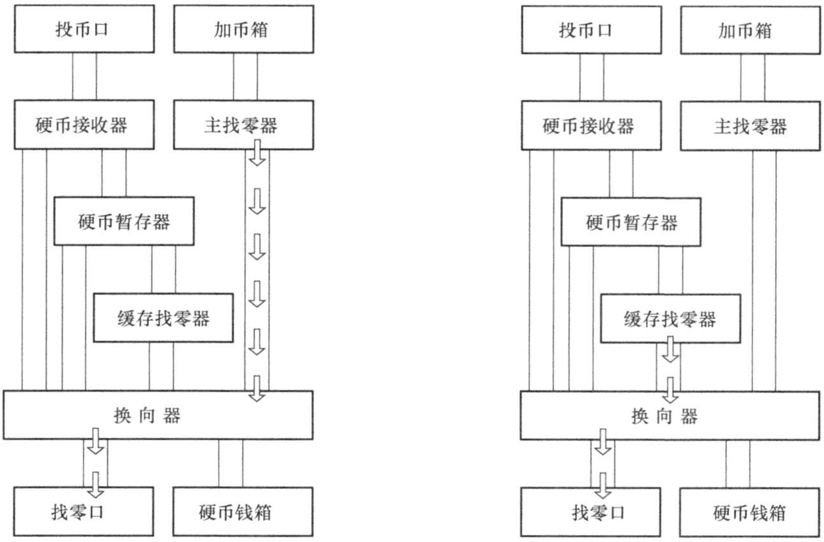

(a) (b)

图 3-22 硬币找零处理流程

(a) 主找零器找零处理；(b) 缓存找零器找零处理

4）取消交易。取消交易硬币处理流程如图 3-23 所示。

5）后台处理（加币、清币）。加币、清币处理流程如图 3-24 所示。

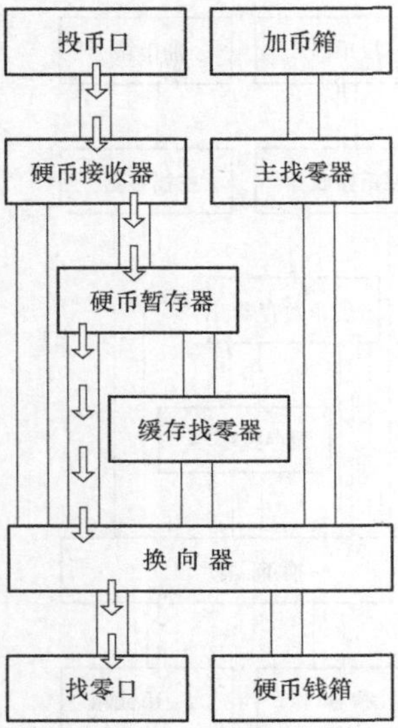

图 3-23 取消交易硬币处理流程

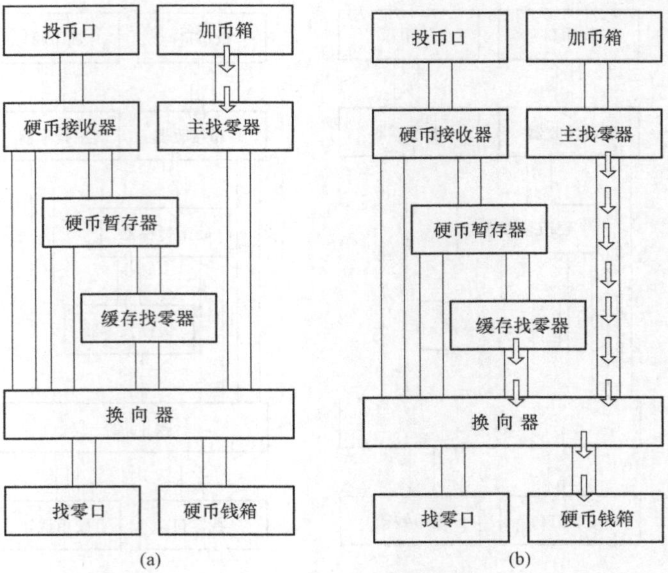

图 3-24 加币、清币处理流程

(a) 加币处理；(b) 清币处理

6. 硬币接收器

硬币接收器整体结构紧凑，底部有五个出币口，其中一个是退币口，其余四个是可编程设置的路由硬币出口，硬币接收器外观如图 3-25 所示。硬币接收器用于识别乘客投入的硬币面额、真伪，具有较高的鉴别能力，对于与真币较为相似的游戏币有着较强的拒收能力，检测准确率不小于 99.9%。对于无法识别的硬币直接退到自动售票机的找零口原币退还给乘客。

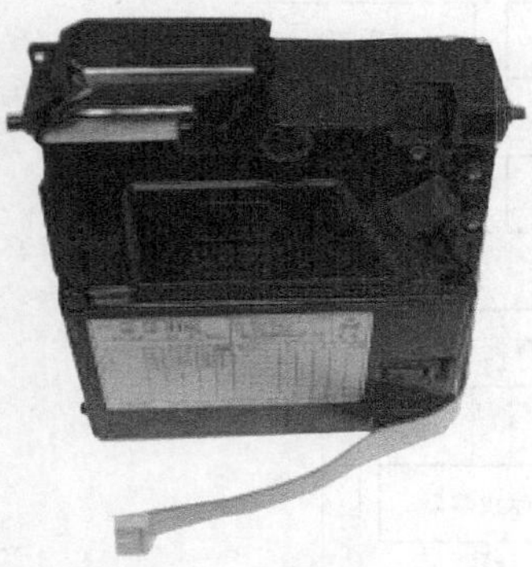

图 3-25 硬币接收器外观

硬币识别率和假币的拒绝率可通过软件参数来设置。硬币识别器可接受国内目前市场上流通的第四、五版 5 角、1 元人民币硬币，通过检测硬币直径、厚度和材质等参数识别硬币真伪。当发行新的硬币种类时，可通过软件设置增加新的硬币种类，也可通过参数下载的方式自行增加新硬币种类，而无须改变或增加任何硬件。

硬币接收器性能指标见表 3-8。

表 3-8 **硬币接收器性能指标**

项目	指标
可接收硬币	第四、五套的 1 元和 5 角硬币
识别速度	每秒 5 枚
电气接口	24V，DC
通信控制接口	脉冲

7. 硬币暂存器

硬币暂存器主要实现硬币的原币返还功能。采用 50 枚 1 元硬币的设计容量，2 路出币通道，硬币暂存器外观如图 3-26 所示。

硬币暂存器中的电路控制马达，通过同步带的传动使币兜可左右方向翻转出币，完成后进先出的功能，安装有 3 个传感器（sensor）位置检测。

硬币暂存器性能指标见表 3-9。

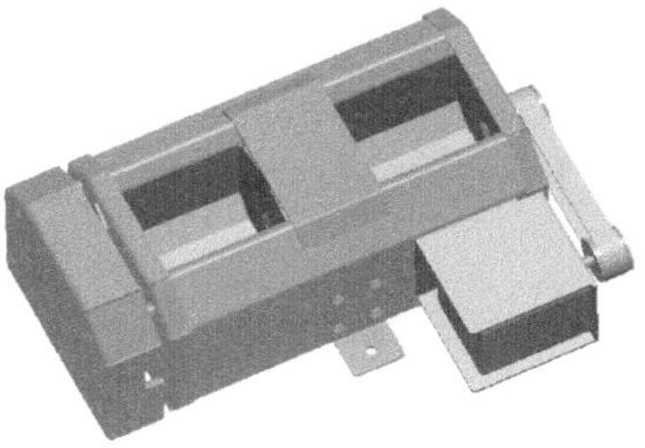

图 3-26 硬币暂存器外观

表 3-9 **硬币暂存器性能指标**

序号	项目	指标	序号	项目	指标
1	暂存硬币种类	2 种（1 元、5 角）	3	电气接口	24V DC
2	暂存容量	每种硬币 50 枚			

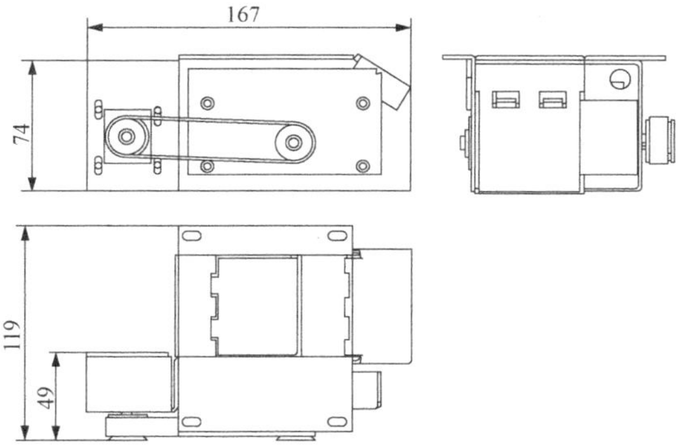

图 3-27 硬币换向器外观及尺寸

8. 硬币换向器

硬币换向器能控制硬币在硬币通道内的滚落方向，工作原理是通过软件控制挡板进行左右切换，形成流向出币口或硬币钱箱的通道，设计简单可靠，与传统换向器设计最大的区别是使用步进电机，可大大提高硬币换向器的可靠性和使用寿命，在容错性设计上也通过加装位置传感器去判断设备工作的实际情况，提高设备的容错能力。硬币换向器外观及尺寸如图 3-27 所示。

硬币换向器性能指标见表 3-10。

表 3-10 **硬币换向器性能指标**

项目	指标
通道方向	2 个方向
电气接口	24V DC

9. 缓存找零器

缓存找零器可实现找零的循环处理，即当缓存找零器内硬币存量不足时，能自动将乘客投入的硬币导入缓存找零器进行补充。

缓存找零器性能指标见表 3-11。

表 3-11 **缓存找零器性能指标**

项目	指标
尺寸	150mm（H）×85mm（W）×145mm（D）
适用硬币尺寸	直径：15.0～28.4mm，厚度：1.3～3.2mm
币箱容量	80 枚
出币速度	每秒 8～10 枚
电气接口	24V DC
质量（空）	580g

10. 主找零器

自动售票机具有两个主找零器作为实现找零功能的专用容器和发币装置，每个主找零器只允许存放同一种面值的硬币，主找零器外观如图 3-28 所示。

主找零器性能指标，见表 3-12。

图 3-28 主找零器外观

表 3-12 主找零器性能指标

项目	指标
尺寸	248mm×110mm×170mm（H×W×D）
适用硬币尺寸	直径：21.0～31.0mm，厚度：1.3～2.1mm
币箱容量	1000 枚（通过增加扩容器）
出币速度	每秒 8～10 枚
电气接口	24V DC（1±10%），500mA
通信控制接口	脉冲
工作环境	−10～50℃
工作环境湿度	20%～90% RH

11. 硬币加币箱

自动售票机采用专用的硬币加币箱（补币箱）补充硬币，与传统用布袋子做补充硬币载体相比，多了安全锁机构，可确保操作人员在补币过程中无法接触到现金。硬币加币箱外观如图 3-29 所示，尺寸如图 3-30 所示。

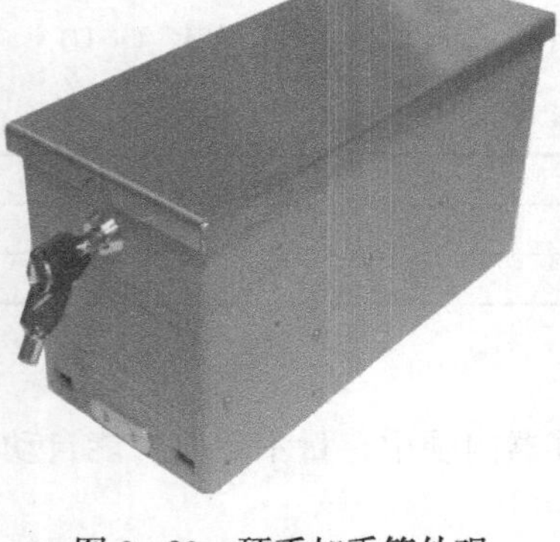

图 3-29 硬币加币箱外观

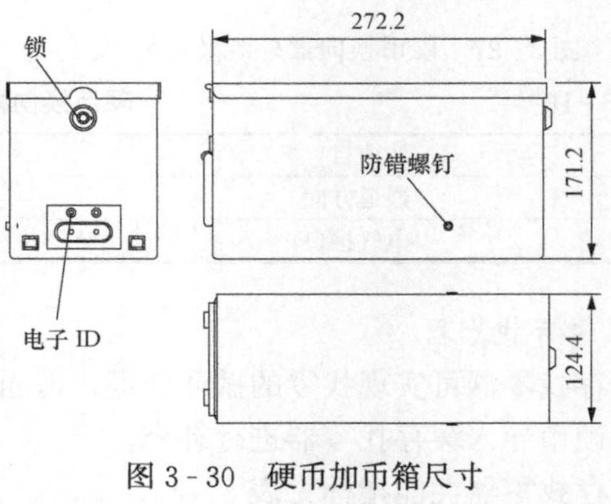

图 3-30 硬币加币箱尺寸

硬币加币箱性能指标见表 3-13。

表 3-13 硬币加币箱性能指标

项目	指标
尺寸	171.2mm×124.4mm×272.2mm（H×W×D）
硬币容量	1000 枚
质量（空箱）	3kg
材料	箱体采用高强度工程塑料，箱盖用不锈钢材料

补充硬币时只有把装上硬币的加币箱推入硬币模块内，使用专门设计的开锁机构（加币箱箱架），加币箱才会被打开，这样硬币就可滑落到主找零器中。

加币箱上加装一把锁，这把锁的主要目的是防止非授权人员直接接触到加币箱里的现金。

由于补币的币种可能是两种，而加币箱只有一种。为防止补错币，在硬币加币箱的左右侧面上加装一个防错螺钉（如5角装在左侧面，而1元装在右侧面），通过机械的方式防错。

12. 硬币钱箱

硬币钱箱是回收运营结束后设备内的硬币，硬币钱箱外观及尺寸如图3-31所示。其主要由硬币钱箱、支架、通道、到位开关、电子标签等组成。使用导轨拉出的方式，操作简单安全。整个硬币钱箱采用高强度工程塑料外壳加不锈钢内胆，具有较强的耐磨、耐冲击、耐腐蚀的特点。

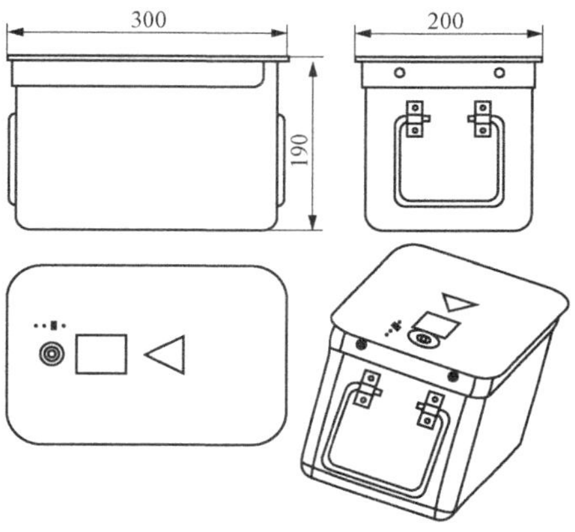

图3-31 硬币钱箱外观及尺寸

硬币钱箱性能指标见表3-14。

表3-14 硬币钱箱性能指标

项目	指标
尺寸	190mm×200mm×300mm（H×W×D）
硬币容量	2000枚
质量（空箱）	3.5kg
材料	箱体采用高强度工程塑料且具有不锈钢内胆，箱盖用不锈钢材料

硬币钱箱配置有A、B两把钥匙，分别负责打开钱箱的上盖和钱箱托架的锁扣机构，目的是提高钱箱更换操作的安全性，只有在整个更换钱箱的操作过程中两把钥匙的共同作用下才能打开钱箱，可防止更换硬币钱箱的操作人员接触到硬币。当使用A钥匙将硬币钱箱从支架上取出时，硬币钱箱封门必须处于封锁状态才可取出；硬币钱箱在移动过程中是完全封闭的，只有使用B钥匙才可打开；硬币箱装入支架并锁定好后，硬币钱箱封门同时打开。

硬币钱箱上安装有非接触IC卡作为电子标签，它是硬币钱箱的信息模块，它能被写入固定长度的编码作为箱体的唯一ID，硬币处理单元能自动识别放入的钱箱编号。IC卡内部还有1K字节的存储空间被用来存储有用信息（电子编号、硬币类型、硬币计数等），使TVM能监测硬币钱箱“将满”或“满”的状态，并将状态发送至车站计算机，到达“将满”或“满”的硬币数目可通过参数设置，实现工作人员对自动售票机的管理。非接触IC卡内部的EEPROH存储器保证了写入的数据在掉电后不会丢失。

3.2.7 纸币找零单元

1. 功能描述

纸币找零单元主要是利用纸币出币机芯为乘客提供纸币形式的零钱找赎，通常为1元和5元两种面值。

2. 性能指标

纸币找零单元性能指标见表 3-15。

表 3-15 纸币找零单元性能指标

项目	指标
电气接口	24V DC
出币速度	每秒 5 张
电源	5V DC±0.2V，1.5A
平均	36V DC±0.2V，最高 5A
操作温度	−10～50℃
可处理纸币的尺寸	宽 57～98mm；长 110～192mm

纸币找零模块具有以下特征：

(1) 利用摩擦磙子带出纸币。

(2) 具有双重感知的机械结构，可防止重复带出。

(3) 减少模具导套和移送途径，最小化干扰。

(4) 模具导套是开放型结构，方便维护和清洁。

(5) 外观尺寸小巧，可在小空间使用。

(6) 断电后再上电时，移送途中的纸币被回收到废币回收箱内（自动回收功能）。

3. 纸币找零单元组成结构

纸币找零单元一般为单张出币机芯，该机币多用于银行自动取款机，主要由钱箱框架、钱箱、拾钞部、重钞检测组件、送钞通道组成，其中，钱箱组件包括废币箱、1 元面值找零箱和 5 元面值找零箱。纸币找零单元如图 3-32 所示。

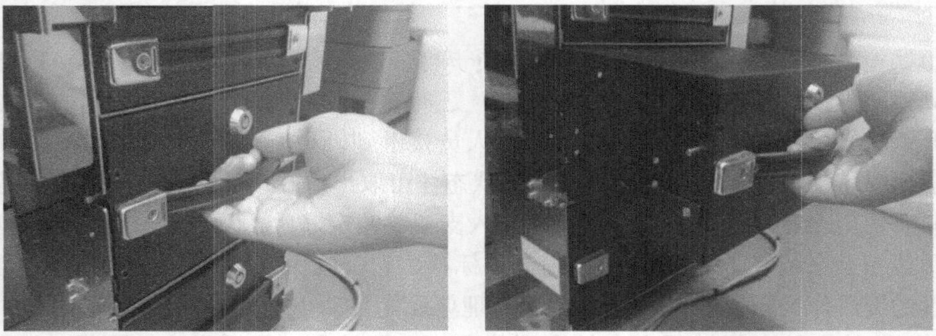

图 3-32 纸币找零单元

纸币找零箱底板安装导轨，并具有止动把手，需要维护时可按下止动把手将纸币找零单元向后拉出。更换纸币钱箱时，不需要将整个单元拉出。

由于硬币找零也提供 1 元找零的功能，因此纸币找零中的 1 元找零功能通常可省去不使用，即 1 元找零箱中不放入 1 元面值的找零纸币或不安插 1 元找零箱模块的数据线连接线。

4. 纸币找零单元处理流程

(1) 工作原理。纸币找零单元主要是在需要找零时，按照要求自动从指定的钱箱发出指定张数的纸币。纸币按箭头所示路径运动，纸币找零单元工作原理框图如图 3-33 所示。

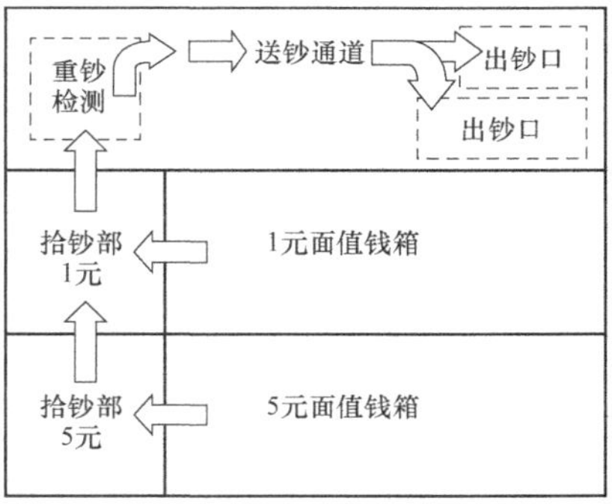

图 3-33 纸币找零单元工作原理框图

（2）工作流程。

1）首先，拾钞部从钱箱中吸出一张纸币，并送至送钞通道。

2）然后再将纸币从送钞通道送至出钞口之前，重钞检测组件采用高精度传感器检测吸出纸币是否合格，确保每次只出一张纸币。

3）最后，根据重钞检测组件的检测结果，将纸币送至出钞口或回收箱。如果厚度为一张纸币的厚度，则将纸币送至出钞口，完成一次出币；如果发现厚度异常，则认定此次出现重币情况，将纸币送入废币箱，再从钱箱内重新发出一张同面额的纸币。

3.2.8 车票处理模块

1. 功能描述

车票处理模块是自动售票机 TVM 主要的组成模块之一。根据车票种类不同分为卡式车票处理单元（ticket issue unit，TIU）和筹码式车票处理单元。下面以卡式车票处理单元为例进行介绍。

卡式车票处理模块的主要功能是将卡式轨道交通单程票从供票单元经传输单元发送到读写器位置进行读写，赋值完成后经发售单元发售到客户手中，并对不能编码或校验失败的车票进行回收。

2. 性能指标

卡式车票处理模块性能指标见表 3-16。

表 3-16　　卡式车票处理模块性能指标

项目	指标
储票箱数量，容量	2 个，1000 张/个
卡片规格	符合 ISO 7816 的标准尺寸
出卡速度	每卡小于或等于 1s
RS-232 接口	通信速率 9600～19 200bit/s
废票箱容量	320 张
电子标签	非接触式
票箱检测	票箱存在、上盖门开、滑块复位、卡不足（50 张）、卡空
单程票发售模块	发售 0.5mm 厚度的车票
一卡通发售模块	发售 0.76mm 厚度的一卡通储值票

3. 车票处理模块组成结构

车票处理模块通常由供票单元、车票读写器及天线、传输单元、票箱和电器控制单元等部件组成。卡式车票发售单元组成结构如图 3-34 所示。

4. 车票处理模块工作原理和工作流程

（1）工作原理。供票单元将车票从票箱经刮卡机构供给车票传输单元，通过车票读写

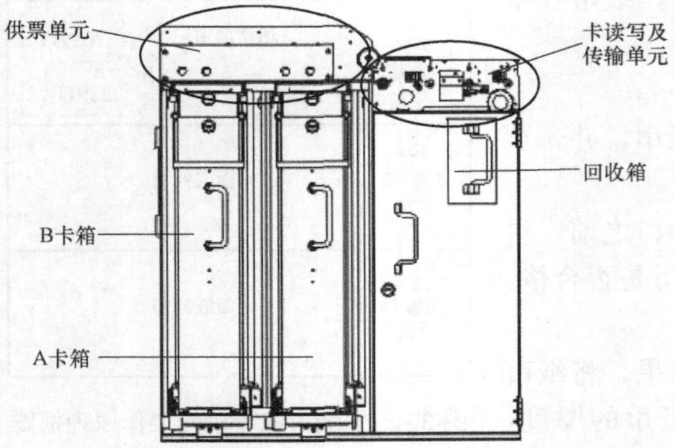

图 3-34 卡式车票发售单元组成结构

器、天线读取车票信息、编码、校核。

单程票由车票读写器进行编码和校验，校验已编码的数据，校验“读出信息”同“写进信息”一致。如果车票校验正确则发行，否则重新发行、编码、校验，连续 3 张车票不能正确编码和校验，自动售票机退出服务，并且报告车站计算机系统，被拒绝的车票送到废票箱。

车票在通过编码过程中，由传感器控制，如果检测车票阻塞则自动售票机退出服务，乘客投入的硬币或纸币退还乘客，显示器显示“故障信息”（车票在传输单元阻塞），在车站计算机系统上产生相应报警声。

车票供给量由刮票机构上传感器监控，如果没有车票，自动售票机自动退出服务，显示“故障信息”，并在车站计算机系统上发出警报声。

票卡处理模块中的传感器提供储票箱滑块复位状况、储票箱存在、储票箱门打开状态、储票箱少卡及无卡、废票箱存在、废票箱卡满、票卡计数、票卡位置信息、刮刀位置信息、凸轮工作状态等检测信息，并实时传送到控制单元。

控制单元根据传感器的检测结果或上层命令负责控制刮卡机构的刮卡、复位，票卡传送机构的启停等动作，并把状态信息上报上层，根据上层的指令对刮卡单元进行切换控制，并回收不合格票卡。

（2）工作流程。

1）刮卡机构从 A、B 任一票箱刮出一张卡。

2）升降机构位置升高一张卡的高度，同时，票卡经传输单元被送到读写区，读写操作合格则票卡被发送出去，读写操作不合格送入废票箱。

5. 供票单元

供票单元由电机、滚轴、支架、传感器、齿轮、皮带、刮卡机构及票箱切换装置组成。

供票单元工作原理：车票经车票传动电机的转动传送到刮卡机构，并通过刮卡机构达到只分出一张车票的过程，传感器感应到车票时，传输机停止转动。

（1）票箱切换装置。供票单元中的票箱切换装置由两个票筒和票箱切换机构组成。

票箱切换机构的工作原理：设备发售车票时，先将供票单元中已分离出的预售车票传送给车票传输单元，当发售第二张车票时，设备先判断默认票箱（前一次使用的票箱）是否有车票，判断条件是票箱底部的票位传感器是否感应到车票，如果有车票，则供票电机将该车票传输到刮卡机构；如无车票，则设备接收该信息，并由电器控制单元发出切换票箱指令于票箱切换机构，切换机构一般采用以下两种模式：

1）第一种：切换机构通过切换电机转动和齿轮、皮带、曲柄的机械互动，达到两个票箱同一票位的机械型切换。

2）第二种：切换机构通过关闭空票箱的传输通道，打开另一票箱传输通道，经过车票导向板的控制，达到通道切换功能。

两个票箱中，车票限位是通过各一对光感探测车票位置来进行控制的。如果车票位置高于光感探测点，则该票箱处于供票状态；如果车票位置低于光感探测点，则设备上传车站计算机系统“该票箱车票将空”信息，但该票箱仍处于供票状态，直至票箱底部光感无车票感应，设备进行票箱切换，并上传 SC“票箱 1 空或票箱 2 将空”信息，当两个票箱车票均空时，设备退出服务，并上传车站计算机系统“票箱 1 空和票箱 2 空”信息。

(2) 刮卡机构。刮卡机构采用无刷电机、同步带轮及同步带等进行组合驱动，配合经过缜密计算而定位的传感器体系，保证刮卡过程的控制精确智能，是车票处理模块的核心机构。

刮卡机构的工作原理：通过刮刀对票卡的后侧面施加推力来实现对票卡的刮送，在整个刮卡过程中刮刀不会磨损到票卡表面，并且刮刀组件上附有小型弹簧，当刮刀组件复位时，刮刀会通过旋转一定的角度而避免刮伤其他票卡。

刮卡机构设计如图 3 - 35 所示。

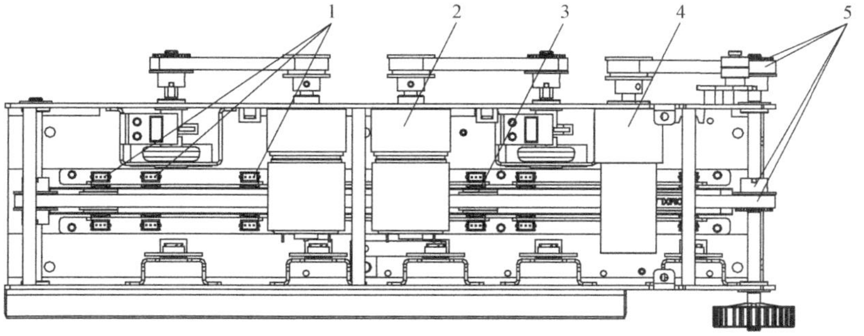

图 3 - 35 刮卡机构设计

1—控制传感器；2—凸轮电机；3—刮刀组件；4—无刷电机；5—同步带轮及同步带组件

刮卡机构中包含的凸轮组件有效地保证了刮刀在两个票箱之间实时切换的性能，使刮刀实现了同轨工作效能，也称兼容发卡技术，即一套刮卡机构可在同一个工作区域准确地按照指令任意发送多个票箱内的票卡，无须多套刮卡机构配套。凸轮的切换及容错能力可大大提高票卡发送的功效及成功率。凸轮组件结构如图 3 - 36 所示。

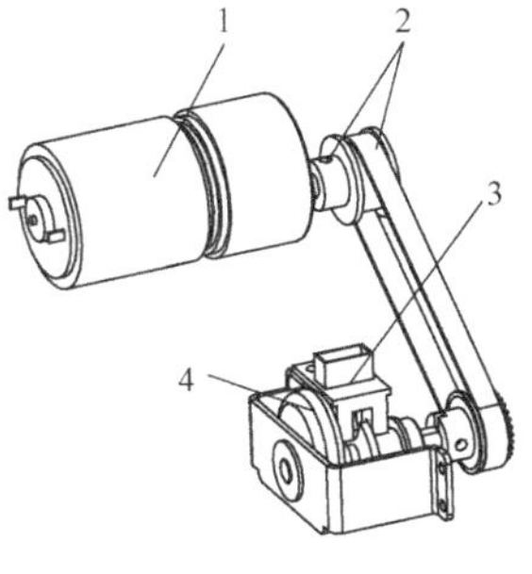

图 3 - 36 凸轮组件结构

1—凸轮电机；2—同步带轮及同步带组件；3—传感器；4—凸轮

6. 票卡传输单元

票卡传输单元由无刷电机、传输轮、浮动压轮、限位挡板、换向器组件、传感器等组成。

票卡传输单元的工作原理：票卡传输时共有 8 组传输轮及浮动压轮配合起来夹持票卡，并进行传送，压在浮动轮上的扭弹簧则可调节胶轮对票卡的夹紧力，使其不会在通道中打滑，并可适应及传输不同厚度规格的票卡。

当一张车票从刮卡单元送出后，通过传输轮，将车票传送至单程票读写器，并对车票进行编码、校验，车票检验合格后，将车票传送至出票口。如果车票编码或校验失败，则票卡传输单元将车票传送至废票箱，然后再次进行下一次编码、校验，如果连续 3 张车票出现编码或校验失败，则票卡传输单元将车票依次传输至废票箱，设备退出服务，并上传 SC“车票连续编码错误”信息。

票卡传输单元设计如图 3 - 37 所示。

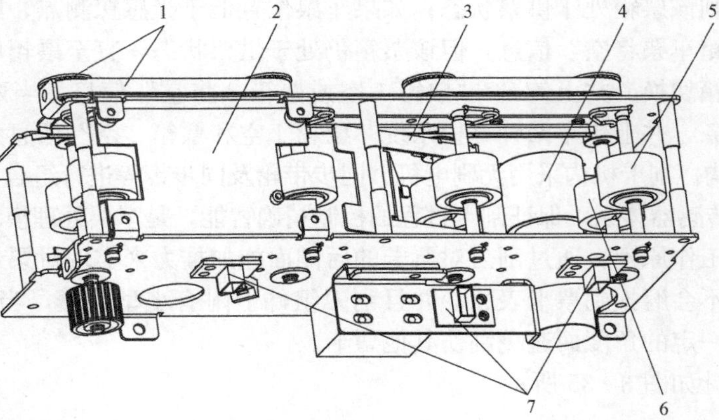

图 3 - 37 票卡传输单元设计

1—同步带及同步带轮组件；2—天线板；3—换向器组件；4—无刷电机；5—浮动压轮；6—传输轮；7—传感器

刮卡机构及传输单元精密衔接，整个刮卡及传输通道形成了一条直线，使结构设计极为紧凑，减少了传输时间，大大提高了发卡工作效率；直线式的工作方式还避免了票卡的弯折，不会对票卡内的芯片造成损伤，提高了票卡的使用寿命。

7. 票卡读写器

票卡读写器采用非接触式 IC 卡读写器，由票卡读写器控制板（见图 3 - 38）和票卡读写器天线板（见图 3 - 39）组成。

图 3 - 38 票卡读写器控制板

图 3 - 39 票卡读写器天线板

票卡读写器能读写 ISO 14443 TYPE A 和 ISO 14443 TYPE B 协议的逻辑加密卡、双界面卡。票卡读写器中还集成符合了 ISO 7816 的 SAM 卡读写功能，从而在交易过程中提高了交易的安全性和缩短了交易时间。乘客所持非接触式票卡以不同角度（非垂直）、不同移动速度进入有效读写区域，均可实现可靠、有效的卡读写操作。

票卡读写器性能指标见表 3 - 17。

表 3 - 17 票卡读写器性能指标

项目	指标
主处理器	32 位 RISC ARM CPU
存储器	FLASH：4M 字节；SDAM：8M 字节

续表

项目	指标
RF 支持兼容标准	可处理符合 ISO/IEC 14443 TYPE A 及 TYPE B 标准的卡
RF 射频处理器	PHILIPS MF RC531 核心处理芯片
RF 射频载波频率	13.56MHz / 负载波 847kHz
RF 信号通信速率	106kbit/s
天线接口	50Ω 同轴连接器
SAM 卡数量 Ω	带 4 个标准的 SAM 卡座；驱动支持 ISO/IEC 7816 及符合建设部相关标准
SAM 卡通信速率	支持 ISO/IEC 7816 标准 PPS 协议；可支持 9600～115 200bit/s 的 SAM 卡
读写距离	标准 7810 尺寸卡片，可支持到 0～10cm
读写速度	典型票交易时间≤300ms
固件程序下载方式	支持在线下载方，可通过 RS-232 或 USB 通信方式

8. 票箱

（1）功能描述。自动售票机配有 A、B 两个储票箱及一个废票箱。分别用来存放待发售的轨道交通单程票及回收读写操作不合格的单程票。A 票箱为主票箱，B 票箱为备用票箱，每个储票箱的票卡容量为 1000 张票卡，废票箱票卡容量为 300 张。储票箱外形尺寸如图 3-40 所示。

票箱由轻质、坚固、耐用的工程塑料制成（聚碳酸酯）。结构设计规定，当其经受物理冲撞时，允许有弯曲。

（2）性能指标。票箱的性能指标见表 3-18。

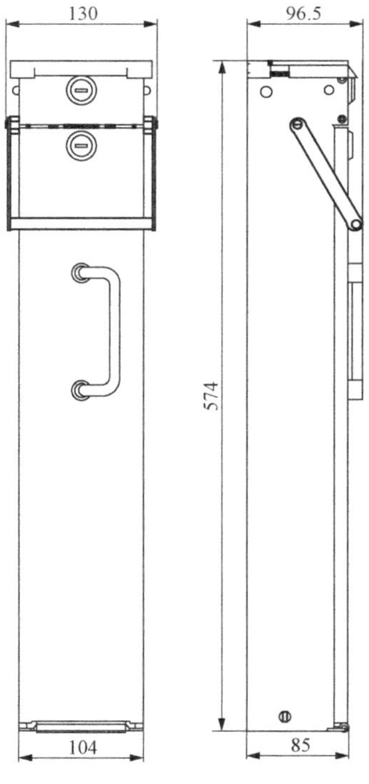

图 3-40　储票箱外形尺寸

表 3-18　票箱的性能指标

项目	指标
票箱一般参数	
组成	储票箱：2 个，废票箱：1 个，RF 模块
处理速度	每张 1.0s 以下（含票供应、票处理、票检查、出票的时间）
输入电源	24V DC（1±10%）（由 TVM 提供）
使用电源	24、5、3.3V
通信方法	RS-232 及 RS-422，外部重置
储票箱	
尺寸	108.5mm×625.0mm×104.8mm（W×H×L）
质量	<4.0kg（票除外）
容量	≤1000 张票
安全装置	密码锁　提供 2 套 key
认识方法	RFID Type
状态显示	几乎出完（near empty）；完全出完（empty）
废票箱	
尺寸	140.0mm×231.0mm×136.0mm（W×H×L）
质量	<2.0kg（票除外）
容量	≤300 张票
安全装置	密码锁　提供 2 套 key
认识方法	无线射频识别
状态显示	几乎装满（near full）；完全装满（full）
装载方式	自由落下

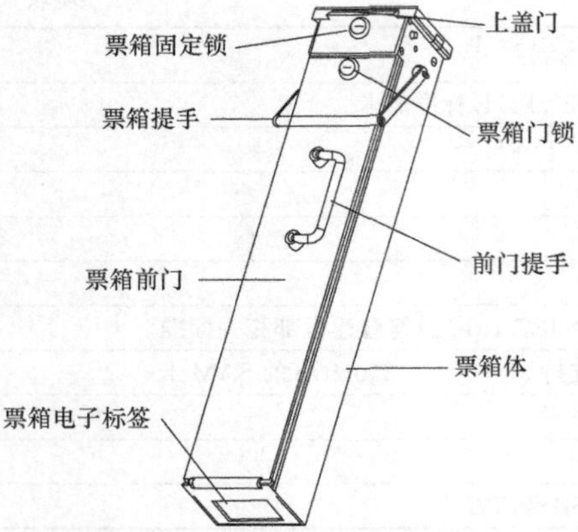

图 3 - 41　储票箱的组成结构

(3) 储票箱的组成结构。储票箱的组成结构如图 3 - 41 所示。

储票箱分为内胆和外壳两层，其锁销机构及电子 ID 装置保证了在锁住票箱时上盖门被同步锁定，确保票箱内票卡在非工作状态时（储存及运输等）的安全性，便于票箱的管理；而在工作状态下上盖门被打开时，票箱已被锁定到模块上，故票箱内的票卡仍然处于安全状态。

工作状态中，储票箱能通过传感器检测票箱装配到位、票卡将空、无票卡三种状态。

储票箱内独特的滑块机构设计可满足在票箱内票卡未装满时，即使票箱受到震动或颠倒搬运，票箱内的票卡均不会混乱，可随时装入票卡发售模块进行工作，无须打开前门另行清理，这样大大提高了实际使用过程中的可操作性及操作人员接触票卡的概率，既提高了工作效率，又提高了票箱的安全级别。

废票箱的组成结构与储票箱相似，只是在尺寸上略有不同。

(4) 更换票箱。

1) 操作原理。更换票箱首先需要在维护面板进行登录，选择安装或卸载等对应操作后再开始操作。储票箱与废票箱的操作相似，下面以储票箱为例介绍。

2) 卸载储票箱。卸载储票箱的步骤如下：

a. 登录。打开主维修门，登录维护面板，选择想要卸载的票箱。如“运营服务”→“更换票箱”→“卸下 A 票箱”/“卸下 B 票箱”→“确认”。维修面板更换票箱界面如图 3 - 42 所示。

按下确认键后，维修面板卸下票箱界面如图 3 - 43 所示，按回退键返回上级菜单。此时被选择的票箱机构的指示灯开始闪烁，表示回收模块已收到卸下此票箱的命令。

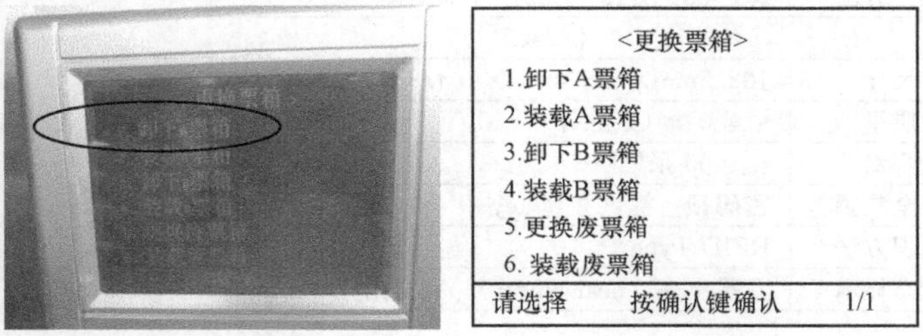

图 3 - 42　维修面板更换票箱界面

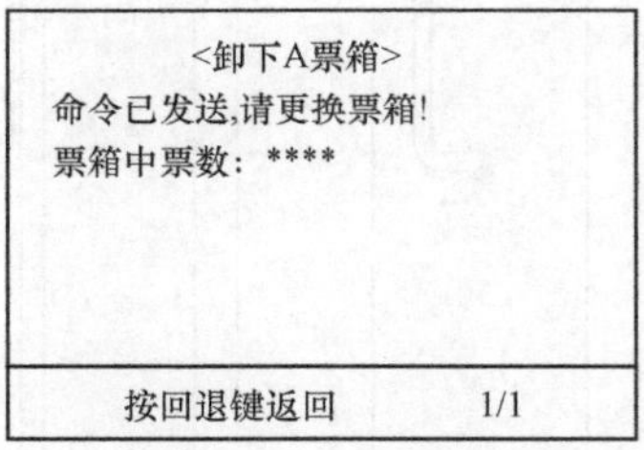

图 3 - 43　维修面板卸下票箱界面

b. 拉出票卡发售模块（TIU），用操作系统初始化设备。拉出票卡发售模块操作如图 3 - 44 所示。票卡发售单元如图 3 - 45 所示。

初始化时，留在票箱上方的票必须用工具推动到票箱里，否则可能会导致票传送到传送带上，清理预售车票如图 3 - 46 所示。

注意事项：若有单程票留在票箱上，必须用工具推动到票箱里，否则无法盖上票箱盖。

c. 关闭票箱顶盖（见图 3 - 47）。

将票箱盖手动抬起，推入箱体，使票箱闭合。

图 3-44 拉出票卡发售模块操作

图 3-45 票卡发售单元

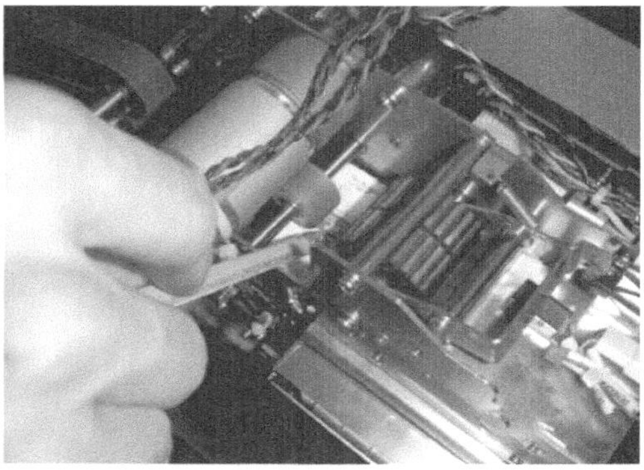

图 3-46 清理预售车票

图 3-47 关闭票箱顶盖

d. 解锁票箱。打开票箱机构锁如图 3-48 所示。

旋转钥匙，将票箱从票箱架上解锁，同时票箱盖被锁住。

注意事项：无法旋转或旋转不灵活时，边轻微摇动票箱边旋转钥匙。

e. 关闭拨动开关。掰下票箱机构底部开关如图 3-49 所示。

图 3-48 打开票箱机构锁

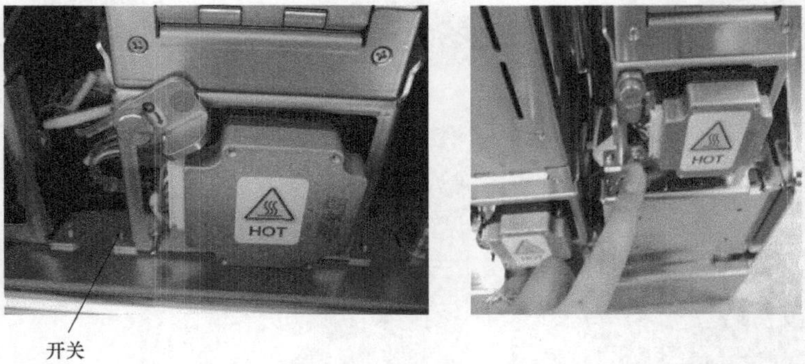

图 3-49 掰下票箱机构底部开关

关闭拨动开关，将票箱卸载指令告诉导航系统。此时，票箱机构的马达开始向下转动。

f. 票箱下端解锁。移开票箱底部挡片如图 3-50 所示。

马达停止转动后，票箱下降到卸载位，旋转票箱控制杆，移开票箱底部的挡片，解锁票箱下端。

g. 卸载票箱（见图 3-51）。

图 3-50 移开票箱底部挡片

图 3-51 卸载票箱

右手拉动箱体正面的把手，左手托住票箱，双手水平从设备上取出票箱。

完成票箱卸载时各参数的状态为 toggle off，un-lock，cover close。

3）装票。装票的步骤如下：

a. 打开票箱门。储票箱平躺如图 3-52 所示。

注意事项：票箱平躺的状态下用专用钥匙打开票箱门，竖立状态下打开会导致托盘自由下降损坏设备。

b. 移动托盘。移动票箱内部托盘如图 3-53 所示。

图 3-52 储票箱平躺

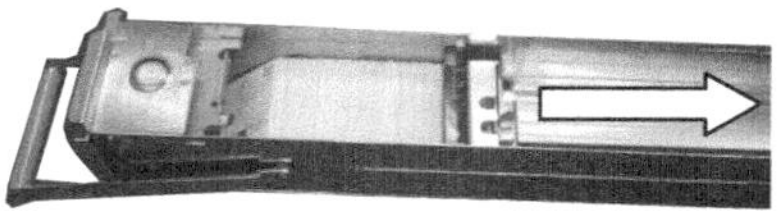

图 3-53 移动票箱内部托盘

票箱前开门的设计可最大限度地暴露出票箱内胆，使装取票卡的操作方便快捷。往下移动托盘，留出装票的空间。

c. 装票（见图 3-54）。

图 3-54 装票

注意事项：装入票后，把托盘往上推动。这时抬起票箱上方防止票倾斜。

d. 关闭票箱盖（见图 3-55）。

合上票箱盖，并用专用钥匙锁上票箱盖。

注意事项：关上票箱盖时，需抬起票箱后端防止托盘下降。

图 3-55 关闭票箱盖

e. 确认票的状态。票箱观察孔如图 3-56 所示。

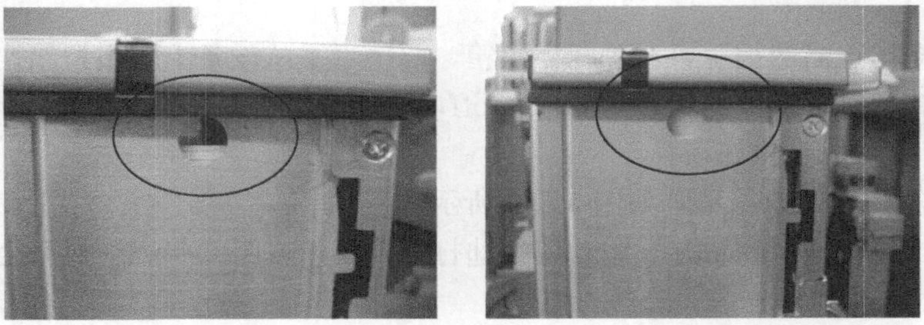

图 3-56 票箱观察孔

装完票后，利用票箱侧面的观察孔确认装票是否正常。

4）装载票箱。安装票箱的操作方法与拆卸票箱的方法相似，其操作顺序相反。

装载票箱时，将票箱放到导滑条上推入模块中，再锁住票箱，此时上盖门被同步打开；拉出上盖门并将其垂下后，确保顶盖到位，票箱即进入工作状态，拉出票箱上盖门如图3-57 所示。

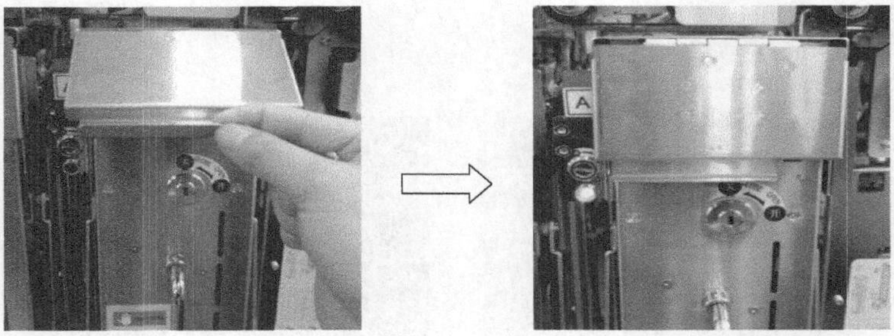

图 3-57 拉出票箱上盖门

票箱安装后需检查是否有票卡在票盖上，票盖处卡票如图 3-58 所示。确认票盖上无卡票现象后将卡票处理单元推进复位即可，否则发票时会导致卡票现象。

在维修面板上选择相应的“装载 A 票箱”或“装载 B 票箱”菜单后按确认键，显示如图 3-59 所示信息，表示票箱已安装完成。

票箱底部的电子标签可记录票箱类别、票箱内票卡数量等相关信息，所有数据实时采集

图 3-58 票盖处卡票

并向上传输，便于上层进行自动化海量数据管理工作。

3.2.9 显示模块

自动售票机的显示模块包括乘客显示器和运营状态显示器。乘客显示器位于TVM前面板的上部，是TVM与客户进行信息交流的设备；运营状态显示器安装在自动售票机的上端，为乘客购票提供提示信息，以汉字和英语显示当前自动售票机的运行模式和操作模式。

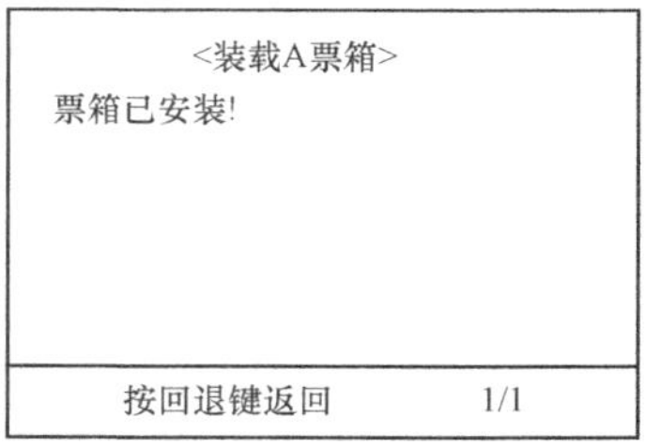

图 3-59 维修面板装载票箱界面

1. 乘客显示器

乘客显示器是自动售票机人机界面操作的主要部件，乘客根据显示器提示界面，通过接触屏选择进行购票操作。乘客显示器显示界面如图 3-60 所示。

乘客显示器显示字体为中文，在需要时可选择用英语显示，显示语言类型作为参数设置。

在乘客购票过程中，乘客显示器能显示乘客选择的目的地车站、票种、单价、张数、付费总金额、已投币金额等信息。

乘客显示器能显示所有可发售的票种、张数、各种付费方式、交易取消、交易确认等选择按钮供乘客选择。

在交易过程中，乘客显示器可以指示乘客下一步的操作，并能提示其无效操作。

无人使用时，乘客显示器可以启动屏幕保护程序对显示器进行保护，节省用电。

在设备故障、关闭或暂停服务时，乘客显示器可以显示相关信息。

乘客显示器还可替代运营状态显示器，用于显示当前设备的运行模式和操作模式，包括暂停服务、暂无找零、关闭、只收硬币、只收纸币、只找硬币、只找纸币等信息。

乘客显示器由LCD显示器和触摸屏两部分组成。

(1) LCD显示器。乘客显示器安装在自动售票机前面面板乘客操作范围内，LCD显示器位于触摸屏之后，用于显示轨道交通线路、车站分布图和有关购票操作提示信息等。LCD显示器外观如图 3-61 所示。

LCD显示器采用工业级17in工业级TFT高亮度液晶显示屏，具有抗电磁干扰、刷新频率高等特点。

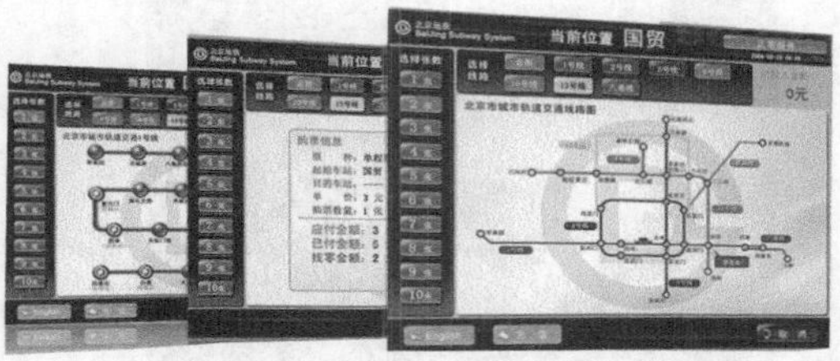

图 3-60 乘客显示器显示界面

图 3-61 LCD 显示器外观

LCD 显示器通过 VGA 接口与主控单元连接，LCD 显示器性能指标见表 3-19。

表 3-19　LCD 显示器性能指标

项目	指标
响应时间	16ms
亮度	400cd/m²
显示分辨率	1280×1024　75Hz
垂直视角范围	160°
水平视角范围	140°
低温环境	符合 GB 2423.1—2008
高温环境	符合 GB 2423.2—2008

（2）触摸屏。触摸屏采用 17in 表面声波防爆触摸屏，乘客可通过触摸屏对自动售票机进行操作。触摸屏可自动识别灰尘和障碍物，具有防水、防尘、抗刮擦等特性。触摸屏性能指标见表 3-20。

表 3-20　触摸屏性能指标

项目	指标
对角尺寸	17in
定位精度	2mm
透光率	>90%
耐久性	抗刮擦，可承受 50 000 000 次以上的单点触摸
表面硬度	使用防爆玻璃加防爆膜，达到莫氏 7 级，可耐受 1kg 钢球 1m 高度跌落而不破碎；即使破裂，碎片对人体也不会造成伤害
环境适应性	能适应轨道交通车站的使用环境，表面的灰尘、水珠及化学物质的侵蚀不影响触摸屏的正常使用
化学抵抗力	触摸屏的触摸有效区能抵抗丙酮、甲苯、丁酮、乙丙酮、甲醇、乙酸、乙酯氨基清洁剂、汽油、煤油及醋等化学物质
防水能力	符合 NEMA4 标准
接口	RS-232
传送速度	9600bit/s

2. 运营状态显示器

运营状态显示器安装在自动售票机的上端，为乘客购票提供提示信息，以汉字和英语显示当前自动售票机的运行模式和操作模式，包括暂停服务、暂无找零、关闭、只收硬币、只收纸币、只找硬币及只找纸币等信息。自动售票机运营状态显示器如图 3-62 所示。

图 3-62 自动售票机运营状态显示器

显示信息能根据运行模式和操作模式的变化进行自动更新。

显示器尺寸与自动售票机外形尺寸协调一致。其每屏可显示至少 10 个中文字符或 25 个英文字符。

运营状态显示器模块支持 GB 2312—1980《信息交换用汉字编码字符集 基本集》编码的一、二级字库和英文字母、阿拉伯数字，通过自动售票机控制程序发送的信息，可实现汉字和英语交替显示。

运营状态显示器通过 RS-232 接口和 220V 输入电源与自动售票机进行连接，模块化设计，在进行维护或更换时，不需要设备做任何调整。

运营状态显示器通过三色 LED 点阵，能显示三种颜色的字符串：绿色表示正常，橙色表示警告，红色表示出错。

运营状态显示器内含实时时钟，可追加时间日期显示。运营状态显示器支持三种颜色排列顺序，12 种移入移出方式。运营状态显示器性能指标见表 3-21。

表 3-21 运营状态显示器性能指标

项目	指标
屏幕分辨率	32×160
像素点形状与尺寸	圆形，直径 3.0mm
像素点中心距	4.0mm
显示	16×16 点阵汉字 2 行，每行 10 个汉字
颜色	红、绿、橙三色
功耗	≤50W（标准）
可视距离	30m
通信接口	RS-232
防护性能	防水、防尘

3.2.10 热敏凭条打印机

热敏凭条打印机能支持打印 ASCII 码，简体中文和图形。打印机内安装有传感器，可检测出纸张不足和纸张堵塞的故障。热敏凭条打印机维护方便，进行换纸和打印头清洗时拆装方便。其具备自动切纸控制功能，实时状态检测，支持打印多张的方式实现打印多联。

热敏凭条打印机如图 3-63 所示，热敏凭条打印机性能指标见表 3-22。

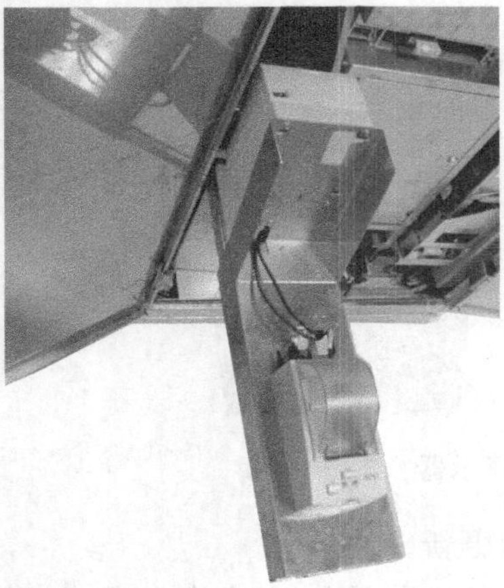

图 3-63　热敏凭条打印机

表 3-22　热敏凭条打印机性能指标

项目	指标
最大纸卷直径	210mm
最大纸张宽度	80mm
连续进纸速度	100mm/s
打印速度	100mm/s
打印分辨率	203DPI
字符	标准 ASCII（12×24 或 24×24）
字库	自带 GB 2312—1980《信息交换用汉字编码字符集　基本集》字库所有汉字
字体	点阵：ASCII 字符：12×24，汉字：24×24
图形处理	支持位图打印
切纸方式	高速全切，最大切纸时间为 0.8s；支持有黑标及无黑标全切（黑标位置：纸背面）
通信接口	USB1.1

3.2.11　维修面板

自动售票机维修面板安装在自动售票机内部，是一个显示字符串和发送按键值的终端设备，用于进行自动售票机当前状态检测、设备维护、参数设置、故障查询及各个模块的故障诊断等操作，维修面板外观如图 3-64 所示。

维修面板采用带背光的 LCD 显示器和电容式机械键盘，显示清晰，操作方便灵活。

维修面板性能指标见表 3-23。

表 3-23　维修面板性能指标

项目	指标
工作电压	9～16V DC
电流	＜1A
功耗	2.5W
分辨率	320×240 点阵的蓝底白字液晶
显示方式	支持文本、图形显示
显示字数	最多可显示 20×15 个 16×16 点阵的汉字或 40×15 个 8×16 的西文字符
字库	GB 2312—1980《信息交换用汉字编码字符集　基本集》字库

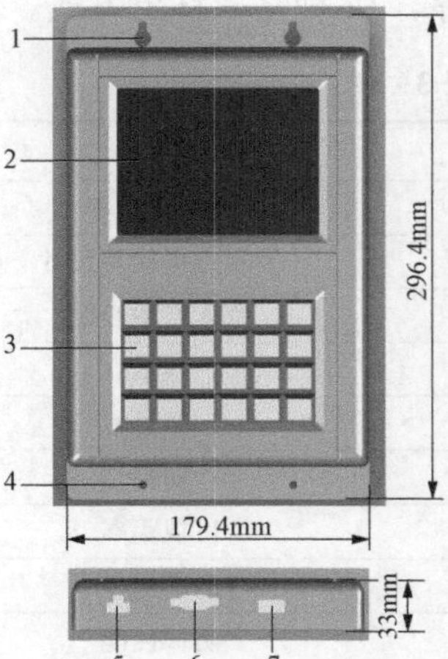

3-64　维修面板外观

1—上挂孔；2—显示窗口；
3—键盘；4—下固定孔；
5—电源插孔；6—串口插孔；
7—USB 插孔

维修面板作为 TVM 的一部分，为 TVM 的日常管理和硬件检测提供操作界面、故障诊断和设置。使用后台维护终端可方便地对 TVM 系统中的各个硬件模块进行测试，如打印机、纸币处理模块等。通过对这些硬件模块的测试，可检测这些硬件模块的状态。

维修人员根据需要，输入密码，进入维修面板的维修系统进行维护，其操作界面可设计成菜单式或指令式。维修面板操作界面如图 3-65 所示。

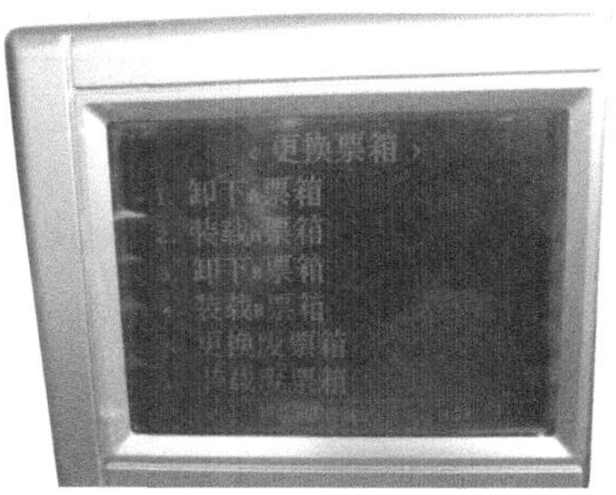

图 3-65 维修面板操作界面

维修面板操作菜单的界面结构设计见表 3-24。

表 3-24 维修面板操作菜单的界面结构设计

序号	一层菜单项	二层菜单项	三层菜单项
1	运营服务	1. 更换票箱	1. 卸下 A 票箱； 2. 装载 A 票箱； 3. 卸下 B 票箱； 4. 装载 B 票箱； 5. 卸下废票箱； 6. 装载废票箱
		2. 补充硬币	1.2 号硬币找零箱补币； 2.3 号硬币找零箱补币
		3. 清找零箱硬币	硬币清空
		4. 补充纸币	1.1 号纸币找零箱补币； 2.2 号纸币找零箱补币
		5. 日结	—
2	运营控制	1. 模式设置	—
		2. 运营设置	1. 服务模式设置； 2.24h 运营设置； 3. 延长运营时间设置； 4. 自动运行时间表设置
3	设备查询	1. 运营状态查询	1. 网络通信状态； 2. 设备信息； 3. 设备状态
		2. 最后一笔交易查询	—
		3. 运转数据查询	—
		4. 模块信息查询	1. 硬币模块； 2. 纸币模块； 3. 纸币找零模块； 4. 发售模块； 5. 读写器； 6. 票据打印机； 7. 维护打印机； 8. 运营状态显示器

续表

序号	一层菜单项	二层菜单项	三层菜单
3	设备查询	5. 参数版本查询	1. ACC 参数； 2. OCT 参数； 3. AFC 参数
		6. 设备故障查询	—
		7. 操作日志查询	—
4	系统关闭	1. 系统重启	—
		2. 关机	—
5	运营维护	1. 纸币模块复位	—
		2. 纸币找零模块复位	—
		3. 硬币模块复位	—
		4. 发售模块复位	—
		5. 票据打印机打印测试页	—
		6. 维修打印机打印测试页	—
		7. 储值卡座弹卡	—
		8. ACC ISAM 管理卡认证	—
		9. 查询硬币清空结果	—
		10. 销售水单重打	—
		11. 维修水单重打	—

3.2.12 I/O 扩展板

设备对于开关量的输入采用 I/O 扩展板做连接器，它通过串口与主控单元通信，实现输入量读取和控制输出。I/O 扩展能控制 4 路集电极开路（OC）输出和 4 路输入。在设备中应得到以下设备作为输入。

1. 维修门传感器

在维修门上安装有对射光耦，可检测维修门有没有关好，用于激活设备转入维护模式，有利于设备安全。维修门传感器位置如图 3 - 66 所示。

2. 人体接近传感器

自动售票机长时间无人使用时，使用屏幕保护程序对屏幕进行保护。在自动售票机面板上安装有两个人体接近传感器，感应乘客靠近设备，使自动售票机可控制设备屏保程序的运行。

人体接近传感器使用红外线传感技术，采用主动红外发射器和红外接收传感器探知人体接近，探测距离为 60cm。

人体接近传感器作为一路开关量输入 I/O 扩展板供主控制器读取信息。

自动售票机人体接近传感器如图 3 - 67 所示。

图 3-66 维修门传感器位置

图 3-67 自动售票机人体接近传感器

3. 报警器

自动售票机上配备有报警器，报警器能发出 30～110dB 的鸣响，在方圆 30m 的工作人员可清晰地听到报警声。在发生对设备有害或非法操作时，能及时通知工作人员进行相应的处理，并且对非法操作有一定的阻吓作用。报警器如图 3-68 所示。

3.2.13 加热模块

自动售票机中配置加热模块，用来在冬季保持或加热自动售票机内部的温度，确保设备在过冷条件下仍能正常运行。在第一次启动设备时，如环境温度过低（低于 5℃时），应首先启动加热模块，待加热模块指示温度正常后（加热时间一般为 30min），再启动设备的电源开关。启动加热模块后，加热模块会自动检测内部的温度，如果温度过低，将自动启动加热装置对设备内部进行加热。如果温度过高（高于 15℃），加热模块将自动停止加热。

图 3-68 报警器

加热模块性能指标见表 3-25。

表 3-25 加热模块性能指标

项目	指标
输入特性	直流 $220V_{-15\%}^{+10\%}$，频率 45～55Hz
功率	每块 300W
平衡温度	15℃
绝缘强度	2500V/min
寿命	≥5000h

3.2.14 内部照明和插座

为便于设备维护，机柜里装有一盏荧光灯和两个交流电插座，用以提供维修用照明和电源。荧光灯和插座的供电与整机供电分开，使得在维修时可关闭设备内所有模块电源，而不影响照明和插座供电。荧光灯具有灯罩，灯管可替换。

插座符合国家安全标准，可为维修设备提供电源，如电烙铁、电器仪表等。

3.2.15 维修门、锁

自动售票机采用后开双门的维护设计方式，可方便地进行维护和维修。维修门通过铰链与外壳相连，可开启 160°以上。铰链与机壳之间加焊了高强度的不锈钢衬垫，可保证承受远离铰链边角上的平面上施加的 90kg 外力，不会导致铰链及其他设备的弯曲或任何损坏。通过转动安全锁的把手，带动门轴的上下移动，实现维修门的开、关。自动售票机后门如图 3-69 所示。

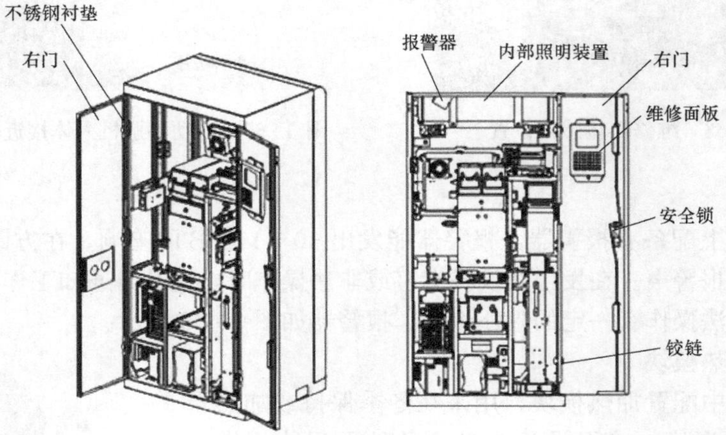

图 3-69 自动售票机后门

所有维修门均带有特制安全锁，防止非权限人员破坏设备内部的相关部件。

3.3 软 件 安 装

3.3.1 运行环境的建立

应用软件运行所需环境如下：

(1) 硬件：PⅢ 1GHz、256MB RAM、40GHDD、触摸屏、1280×1024 分辨率显示。

(2) 软件：Windows XP Professional 操作系统、ADO 组件、Dunite 组件。

1. 操作系统安装

TVM 安装的操作系统为嵌入式 Windows XP（XPE）。操作系统是事先裁剪好的，安装时采用 ghost 工具安装（此系统通常已包括所有驱动，若没有则按照“串口板驱动程序”—“触摸屏驱动程序”的顺序，依次设置驱动程序）。

2. 防病毒软件安装

安装防病毒软件，通常 ghost 母盘已安装完毕。

3. 系统设置

设置设备 ID 和 IP 地址。因为设备的所有设置通常都是根据设备 ID 来进行的，因此需要设置设备的计算机名称和设备的 IP 地址，使它们与设备 ID 保持一致。

3.3.2 软件安装

将软件包复制到设备的D盘下。软件包自解压后的目录为“D：\TVMUIBin\”。直接将应用软件安装在“D：\TVMUIBin\”目录下。之后配置相关设备的线路号、车站ID、设备编号、设备类型、SC的IP地址、时钟服务器的IP地址。最后，重新启动设备，完成软件的安装。

3.4 常见故障及处理

自动售票机在运行状态下，当系统检测到某模块中出现异常，将在显示器的右下角上显示故障代码。维护人员通过查询维护模式可找到发生异常的具体原因和解决方法，根据提示的解决方法即可排除大部分故障。

3.4.1 TVM常见故障

自动售票机使用过程中常见故障如下：

（1）车票处理单元未到位、纸币钱箱未到位、纸币识别器未到位、硬币处理单元未到位、纸币找零器未到位、维护模式。

（2）缺少驱动程序、运行状态显示器通信错误、外电中断、发生灰色交易、运营参数错误、通信端口配置错误。

（3）A票箱空、B票箱空、A票箱将空、B票箱将空、A票箱未到位、B票箱未到位、单程票读写器通信错误、单程票读写器故障。

（4）纸币钱箱满、纸币钱箱将满、纸币识别器通信错误、纸币识别器故障。

（5）纸币找零钱箱空、纸币找零钱箱将空、纸币找零器通信错误、纸币找零器故障。

（6）硬币处理单元通信错误、硬币识别器故障。

（7）1号加币箱满、2号加币箱满、1号加币箱将空、2号加币箱将空。

（8）硬币钱箱满、硬币钱箱将满。

（9）储值票读写器通信错误、储值票读写器故障。

（10）打印机故障、打印机不存在。

3.4.2 典型故障处理案例

1. TVM不能正常发售单程票

（1）故障描述。

1）设备名称：北京地铁某线路自动售票机。

2）故障现象：TVM不能正常发售单程票。

3）故障影响程度与等级：报修。

（2）故障处理过程。

1）故障信息获得。车站客运人员报修：某站某台TVM不能发售单程票。

2）先期故障预判断及准备内容。AFC设备检修人员接到报修后，进行先期预判断，可能引发的原因有以下5种：

a. 发卡模块故障。

b. 读卡器故障。

c. 票箱问题。

d. 连接线缆。

e. 票卡问题。

准备内容：设备钥匙、工具箱、相关线缆、读卡器、软件驱动等。

3）故障现象确认及初步诊断。AFC设备检修人员到达现场后，首先向报修的客运当班人员询问现场设备故障情况，并对TVM进行现场查看，发现票箱安装良好、票卡可被正常刮出进入票箱，由此排除票卡问题与票箱问题，从而排除5个可能引发本故障中的2个。经初步诊断，判断故障原因为上述a、b、d 3种。

4）故障实际查找及确认。AFC检修人员到达现场后，向现场客运人员询问故障现象，得知乘客购买车票后票未正常发出，发售的票全部进入废票箱。维修人员在现场查看故障，发现发卡模块报错（故障代码：17098），即读卡器写卡失败。维修人员又将进入废票箱的票取出，拿到BOM读卡器上进行分析，发现票卡都未被正常写入信息，由此维修人员初步判断为读卡器故障，立即更换读卡器。

当维修人员通过TVM后台维护终端对读卡器进行测试时，得到提示“读卡器未安装”，故障未被排除。

维修人员使用ACC签证卡在TVM机上进行在线式签到，结果是不能签到。由此推断可能软件有问题。

插上维修键盘，退出应用程序，卸载已安装的读卡器驱动，重新安装读卡器驱动，进行测试仍未果。

维修人员打开设备管理器发现有两个读卡器2，没有读卡器1，维修人员将硬币读卡器2拔下，此时设备管理器内只能读到一个读卡器2，维修人员将这个读卡器2重新改写PID，即由读卡器2改成读卡器1。插上硬币读卡器，在设备管理器内看到一个读卡器1和一个读卡器2，由此确定故障点为读卡器1未被正常设置。设置后进入后台维护终端进行测试，设备恢复正常。

5）故障排除方法及结果。更换读卡器1，并对读卡器进行PID设置，启动应用软件，进入后台维护终端进行测试，设备正常，并可远程签到，故障排除。

（3）原因分析。

1）故障产生的直接原因。在TVM机中安装有两个读卡器，即读卡器1和读卡器2，其功能各不相同。读卡器1为发卡模块用读卡器，它完成对车票的读写与解密，当它发生问题时就会直接造成所售车票信息写入不成功，使车票不能正常发售。读卡器2为硬币读卡器，它对车票的读写不产生直接影响。

2）故障直接原因产生因素分析。本案例中，发卡模块读卡器1未正常设置是造成此故障的直接原因。由于对更换后的读卡器未进行PID设置，造成在设备中虽然有两个读卡器但均为读卡器2，而没有发卡模块用读卡器1，因此造成此次故障。

（4）案例处理优化分析。

1）故障处理经过分析。本案例检修人员在前期处理过程中应首先对TVM进行ACC在线式认证，区分设备软、硬件故障，不要盲目进行器件更换。

2）故障处理优化解决方案。应运用软件进行硬件测试，使用软件查找故障点。

a. 对TVM进行全面的初始化，查找报错部位，即17098。

b. 在线式认证，确认故障点。

c. 确认好读卡器的 PID 后，再进行读卡器的安装。

(5) 专家提示。

1) 此类故障正确处理（判断）的方式方法及关键步骤如图 3-70 所示。

2) 其他提示。在多个故障要因同时存在时，可通过排除法以缩小故障范围，迅速找到故障点。

例如本案例中，TVM 机中安装有 2 个读卡器：读卡器 1 和读卡器 2，但是只有读卡器 1 是与票卡发行有关联的。只有明确每一模块的功能，才能区分清楚问题，并迅速做出正确的判定，最终解决问题。

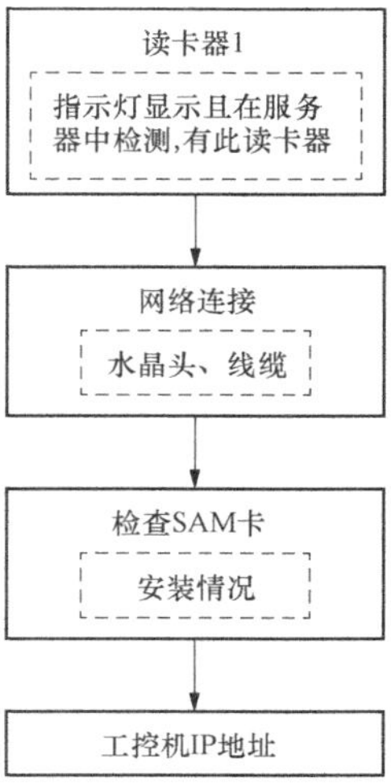

图 3-70 故障正确处理（判断）的方式方法及关键步骤

(6) 讨论思考。TVM 出现钱箱未被安装该如何解决？

2. TVM 纸币单元卡币

(1) 故障描述。

1) 设备名称：北京地铁某线路自动售票机。

2) 故障现象：TVM 纸币单元故障。

3) 故障影响程度与等级：报修，单台自动售票机降级使用。

(2) 故障处理过程。

1) 故障信息获得。行车助理值班员通知：某站某台 TVM 纸币单元不工作。

2) 先期故障预判断及准备内容。AFC 设备检修人员接到报修后，进行先期预判断，可能引发的原因有以下 7 种：

a. 纸币单元卡纸币。

b. 纸币单元电源故障。

c. 纸币钱箱故障。

d. 纸币单元马达盒故障。

e. 纸币钱箱支架故障。

f. 纸币单元传送部故障。

g. 连接线缆。

准备内容：设备钥匙、工具箱、相关线缆、纸币单元传送部、棉签、润滑油、仪表等。

3) 故障现象确认及初步诊断。AFC 设备检修人员到达现场后，首先向客运当班人员询问现场设备故障情况，客运人员只说明 TVM 纸币单元不能工作，无法提供更详细的设备情况，维修人员对 TVM 进行现场查看，经对故障设备进行试验，纸币单元可接收纸币，由此排除纸币单元电源问题、纸币钱箱问题及连接线缆问题，从而排除 7 个可能引发本故障中的 3 个。经初步诊断，判断故障原因为上述 a、d、e、f 4 种。

4) 故障实际查找及确认。经过对故障设备进行试验，发现纸币单元可接收纸币，但不够顺畅，对纸币单元传送部各部位进行检查，发现有卡币现象，更换纸币单元传送部，卡币现象仍未解决；又相继更换马达盒和支架，故障现象依然存在。因为接收纸币不顺畅，所以推测可能是以下几方面原因：

a. 首先查看入钞口纠偏马达上的皮带是否丢失，如果皮带丢失，会因纠偏马达摩擦力降低而造成纸币进入不顺畅。

b. 入钞口防震皮带安装位置不正确。此皮带安装不好会影响入钞口抬升间隙，阻碍纸币进入。

c. 纠偏马达安装不良。由于纠偏马达转子轴并不位于马达中心，而是偏于一侧，故马达圆周的安装位置就影响了转轴的相对位置。从而直接影响马达纠偏轮与输入板之间的间隙，间隙如果偏大则马达的摩擦力不足，纸币不宜进入。

d. 入口折翼抬升距离不足，造成入钞口间隙偏小，纸币不宜插入。可调整入钞口电磁阀相对位置或调整折翼间隙调整螺钉。

e. 入口传输皮带表面磨损严重，摩擦力不足，阻碍纸币进入。

以上原因都被排除，卸下纸币钱箱，发现箱内纸币有上沿卷边现象，并卡在压币口上。

5）故障排除方法。取出卡币重新投币试验，发现仍发生纸币上沿卷边现象，再更换马达盒，故障消失。

（3）原因分析。

1）故障产生的直接原因。在 TVM 机中，主马达与离合器驱动皮带老化，造成驱动力不足，使纸币在暂存区停止位置不到位，造成纸币上沿卷边，堵在纸币钱箱入口处，使后面的纸币无法进入钱箱，从而造成纸币单元无法工作。

2）故障直接原因产生因素分析。纸币单元各种传送皮带 3 年未做更换。

（4）案例处理优化分析。

1）故障处理经过分析。此故障因主马达与离合器驱动皮带老化严重，造成驱动力不足，使纸币在暂存区停止位置不到位，造成纸币上沿卷边，堵在纸币钱箱入口处，使后面的纸币无法进入钱箱，从而造成纸币单元无法工作。此故障属于复合故障，前一个故障造成了后一个故障现象，掩盖了故障的真实原因，造成故障延时较长。同时由于在此故障中，纸币单元可接收纸币，使维修人员过早否定了纸币钱箱故障，没能及时发现故障的真正现象：压入纸币钱箱的纸币上沿卷边，也造成了故障延时较长。

2）故障处理优化解决方案。首先查看纸币单元各指示灯显示情况，排除电源部分故障；然后查看纸币钱箱是否正常使用和安装到位，再分别测试纸币传送带、马达盒、钱箱支架是否正常，最后检查连接线缆是否有松动、不实和磨损。

（5）专家提示。

1）此类故障正确处理（判断）的方式方法及关键步骤。此类故障应按设备故障单元结构逐一排除，找出故障原因。具体包括以下几种原因：

a. 纸币单元电源故障。

b. 纸币钱箱故障。

c. 纸币单元马达盒故障。

d. 纸币钱箱支架故障。

e. 纸币单元传送部故障。

f. 连接线缆故障。

2）其他提示。此故障的真正原因是压入纸币钱箱的纸币上沿卷边，堵在纸币钱箱入口处，使后面的纸币无法进入钱箱，从而造成纸币单元无法工作。造成纸币上沿卷边这种现象的原因如下：

a. 支架电磁阀没动作。如果支架电磁阀故障没动作，压钞摇臂就不能前伸，从而造成导钞皮带与纸币接触不全，造成纸币不到位。

b. 皮带老化，弹性降低，摩擦力不足。纸币从纸币单元出币口到支架压币口，要经过出币口导币皮带、支架传动皮带、摇臂皮带、导钞皮带等皮带，其中哪一条皮带的老化、松懈都会诱发故障。

c. 主马达驱动皮带或离合器驱动皮带老化，造成驱动力不足，纸币在暂存区停止位置不到位。

（6）预防措施。在对模块的调整及更换上，主要以纸币单元回收模块为主，这主要是由于纸币单元的传送部及马达盒、支架的皮带老化易出现皮带脱落的现象，且纸币单元由于使用频率过高，部分零件变形易导致压入失败等故障，因此需要对全线的纸币单元传送部进行深度保养。同时，将纸币单元传送部皮带更换工作纳入检修项目部年度计划检修范畴。

（7）讨论思考。纸币单元不接收纸币的原因？

3. TVM 硬币单元故障

（1）故障描述。

1）设备名称：北京地铁某线路自动售票机。

2）故障现象：TVM 不接收硬币。

3）故障影响程度与等级：影响乘客使用硬币购票，报修。

（2）故障处理过程。

1）故障信息获得。车站客运人员报修：某站某台 TVM 不接收硬币。

2）先期故障预判断及准备内容。AFC 设备检修人员接到报修后，进行先期预判断，可能引发的原因有以下 7 种：

a. 硬币钱箱未安装到位。

b. 硬币单元未推到位。

c. 硬币单元电源模块故障。

d. 硬币识别器故障。

e. 硬币接口板故障。

f. 硬币识别器至硬币接口板间线路损耗。

g. 硬币单元底层软件故障。

准备内容：设备钥匙、工具箱、万用表、键盘、鼠标等。

3）故障现象确认及初步诊断。AFC 设备检修人员到达现场后，首先向客运当班人员询问现场设备故障情况，之后通过监控工作站或维修面板检查硬币钱箱安装情况和模块是否推到位：若系统能识别出硬币钱箱 ID 和硬币单元 ID，则说明模块到位且钱箱安装良好；其次，使用万用表测量：设备电源模块至硬币单元输出是否有电，硬币单元电源输入接口处是否有电，以便排除电源层面的故障可能。根据上述情况可初步判断故障原因为 d、e、f、g 4 种。

4）故障实际查找及确认。维修人员可使用“替代法”检测硬币识别器工作状态，确定其硬件性能良好后，排除其硬件故障的可能性。使用万用表测量硬币识别器至接口板的连接线缆，若均通路则说明线路通信正常。而后，使用硬币单元测试程序。首先，初始化，选择硬币单元（CRU）重置，进行通信握手；建立通信后，点击读取CRU参数，将CRU的参数读取出来，与在线运行的其他设备进行比对，未见异常，排除软件问题；点击“硬件检测”，被检测对象则进行动作，未见异常；以此测试投币、接收、原币返还、清币等命令，此时发现投入的硬币全部从退币口退出，怀疑硬币接口板设置该面值硬币不满足接收条件，判断为硬币单元接口板故障。

5）故障排除方法及结果。更换硬币单元接口板，将该板卡和备件板卡进行对照，发现接口板上的跳线插错，将硬币接口板上的跳线短路套插在JP1、JP2的1、2针脚，硬币识别器受控，判定可接收1元面值的硬币，硬币单元正常工作。

（3）原因分析。

1）故障产生的直接原因：接口板上的跳线插错。接口板跳线插入的位置，决定了板卡在逻辑程序上控制了硬币模块能否接收某类相应面值的硬币。

2）故障直接原因产生因素分析。硬币单元机械、电气结构复杂，各板件间相互关联、协调工作。如在硬币单元发生故障，排查时更换板件不小心安装跳线短路套错误，则会导致上述故障现象的发生。同时，在轨道交通运营的环境中，灰尘、潮湿、震动等因素无法避免，故而会发生跳线短路套松动、脱落或接触不实等现象。

为避免此类问题的发生，维修人员应定期检查硬币单元工作状态，紧固各板件间连接线缆和接插件，确保其紧固、稳定。同时，在维修过程中还要保持细致、严谨的态度，更换板件时，务必做到和原有板卡进行对照检测，避免因粗心大意导致的故障发生。

（4）案例处理优化分析。在识别器或板卡故障时，可通过观察其相应指示灯，与在线运行其他设备板卡指示灯进行比对，从而快速发现问题，及时解决。

（5）专家提示。

1）此类故障正确处理（判断）的方式方法及关键步骤。

a. 排除因人为、电源等因素造成的故障，进而可确定查看是硬币单元硬件问题还是软件问题。

b. 确定是软件损坏还是硬件故障。

（a）使用“替代法”检测硬币识别器工作状态。

（b）使用万用表测量硬币识别器至接口板的连接线缆，检测其是否通路。

（c）使用硬币单元测试程序，读取硬币单元CRU参数。

（d）使用硬币单元测试程序，点击“硬件检测”，被检测对象则进行动作测试。

（e）硬币单元接口板故障。

2）其他提示。在更换板件时应戴防静电手套或手环。

在使用硬币单元测试程序时，需注意以下两点：

a. 选择正确的串口编号（此时要注意使用TVM本机测试和将设备连接笔记本测试时，选用不同串口）。

b. 每次测试前，都要进行初始化、CRU重置和通信握手，方可建立通信状态，开始测试。

（6）吸取教训。在实际工作中，可考虑和旁边同类设备进行比对或部件的替换工作，这样可适当缩短故障处理时间，提高维修效率。

(7) 预防措施。在相关维修过程中，不仅要针对 TVM 硬币单元各部件、板卡进行检查测试，也要重视识别器和其内部板件的拨码开关和跳线短路套等细节，做好日常维护维修工作，避免其位移、接插位置松动等问题的发生。

(8) 讨论思考。使用硬币测试程序检测硬币模块和 TVM 运营过程中直接使用硬币模块进行测试的区别是什么?

4. TVM 发行单元故障

(1) 故障描述。

1) 设备名称：北京地铁某线路自动售票机。

2) 故障现象：TVM 只充值。

3) 故障影响程度与等级：影响乘客购票，一般故障，报修。

(2) 故障处理过程。

1) 故障信息获得。车站客运人员报修：某站某台 TVM 只充值。

2) 先期故障预判断及准备内容。AFC 设备检修人员接到报修后，进行先期预判断，可能引发的原因有以下 7 种：

a. 卡票。

b. 票箱安装故障。

c. 传感器故障。

d. 发售模块控制板故障。

e. 发售模块刮票装置故障。

f. 票箱电机故障。

g. 到位传感器故障。

准备内容：设备钥匙、工具箱、万用表等。

3) 故障现象确认及初步诊断。AFC 设备检修人员到达现场后，首先向客运当班人员询问现场设备故障情况，之后在自动售票机旁边做好防护，对故障现场进行确认。检查 TVM 的乘客显示屏上发行单元故障代码，代码提示 1215，A 票箱空。打开维修门，观察发行单元，发行模块电源正常，供电正常。发行单元模块上未发现票卡，排除卡票故障。拉出并推回发行单元，测试发行单元到位传感器正常。

检查 TVM 乘客显示屏上读写器故障代码，代码提示 J0000，读写器正常。进入发行单元维修模式，设备自动复位，发行单元传送机构电机正常。重装并更换票箱后，故障依旧，排除票箱故障，根据上述情况可初步判断故障原因为上述 c、d、e 3 种。

4) 故障实际查找及确认。维修人员首先检查发售模块控制板，查看发售模块控制板卡灯正常，A、B 票箱故障现象一致，怀疑发行单元控制板故障，更换发行单元控制板，故障依旧，排除板卡故障。

进入维修模式，首先对 A、B 票箱上的刮票装置进行测试，A、B 刮票装置单元模块测试正常，排除刮票装置故障。然后对发行单元模块上的对射传感器进行测试，用手遮挡对射传感器，查看发行模块控制板显示是否正常，所有对射传感器显示正常，排除对射传感器故障。最后，对发行单元模块上的 U 形传感器进行测试，用纸片在 U 形传感器中间遮挡，检测故障传感器，最后检测为 A 票箱行程传感器故障，更换后，重新安装票箱，故障排除，

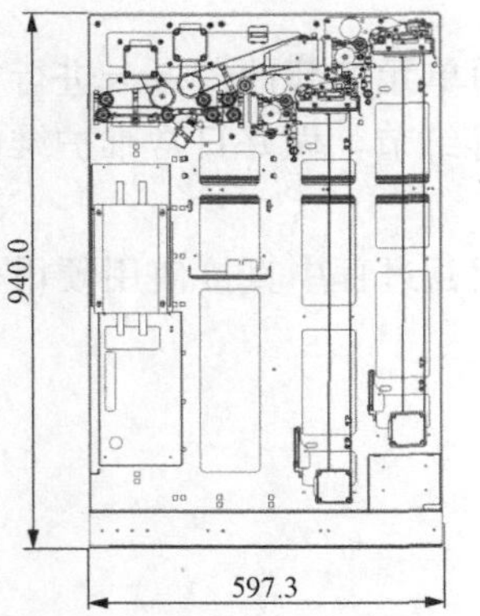

图 3-71 发行模块传感器布局

设备恢复正常服务。

发行模块传感器布局如图 3-71 所示。

5）故障排除方法及结果。更换 A 票箱的行程传感器，票箱能正常升到位置，发行单元正常，退出发行单元维修模式，关闭维修门，设备恢复正常服务。

（3）原因分析。

1）故障产生的直接原因。A 票箱行程传感器故障，导致发行单元票箱不能升到指定位置，发行单元不能发售单程票，自动售票机显示只充值。

2）故障直接原因产生因素分析。通行传感器属于精密设备，受环境和使用频率影响比较严重，北京空气干燥、灰尘大和客流大，容易造成传感器故障。应定期对通行传感器进行清洁来保证传感器的正常使用。

（4）案例处理优化分析。维修人员到达现场后，首先查看 TVM 前端故障代码，然后根据故障代码进行故障判断，对于显示不出具体故障的故障代码，需要打开维修门，拉开发行单元进行测试。对于本案例的传感器故障，可根据 A 票箱有问题会影响 B 票箱的原则，先检查测试 A 票箱，对 A 票箱机械结构进行检查，对于 A 票箱托盘不能升到位的情况，查看相关传感器。本案例就是 A 票箱行程传感器故障，更换 A 票箱行程传感器后设备恢复，这样可减少传感器的测试数量，减少故障处理时间，提高故障处理速度，尽快恢复设备，保证运营。

（5）专家提示。

1）此类故障正确处理（判断）的方式方法及关键步骤如下：

a. 查看前端设备故障代码，判断故障点。

b. 查看发现单元控制板，判断故障点。

c. 对发行单元进行全面测试。

d. 对发行单元所有传感器进行测试。

2）其他提示。对发行单元故障进行故障处理时，需要注意以下几点：

a. 先查看设备故障代码，尽快判断故障点。

b. 票箱安装是否到位，票箱是否正常。

c. 检测发行单元传感器是否正常。

d. 利用发行单元控制板进行测试，仔细观察发售单程票时，发行单元机械动作是否正常。

（6）吸取教训。在实际工作中，可考虑和旁边同类设备进行比对或部件的替换工作，这样可适当缩短故障处理时间，提高维修效率。

（7）预防措施。在日常维护中，对于本案例中发生的传感器故障，应对于敏感部位的传感器进行检修和更换，调节这些传感器周围的机械部件，防止机械剐蹭传感器，造成传感器故障。

（8）讨论思考。发行单元票箱不能升到顶端位置的故障原因有哪些？

4 人工售/补票机

人工售/补票机（BOM/EFO）又称为半自动售/补票机或票房售/补票机，是地铁车站工作人员对票务进行人工处理的票务终端设备之一。人工售/补票机结构如图 4-1 所示。

图 4-1 人工售/补票机结构

4.1 功能与原理

4.1.1 概述

根据轨道交通运营的应用需求，人工售/补票机可分成两种类型，即人工售票机和人工补票机。人工售票机具有发售 AFC 系统中所有车票的功能，采用人工方式对非付费区进行票务处理，如发票单程票、储值票（交通卡）加值、车票分析（验票）、退票及其他票务服务。人工补票机的主要功能是对付费区不能出站的车票，用人工方式进行票务处理，其不装备票卡发送装置及票卡发送读写器。

功能结合的人工售/补票机使用同一台设备，可同时为付费区和非付费区服务，兼顾售票及补票功能，但需要对两个区域分别设置单独的乘客显示器，适应处理不同区域乘客的票务。在大部分实行无人售票的车站中，票务处理通常由设置在服务中心内的能满足非付费区和付费区服务要求的人工售/补票机集中完成。

4.1.2 设备功能描述

1. 人工售/补票机基本功能

（1）车票发售功能。可发售包括单程票、储值票（交通卡）、纪念票在内的各种类型的车票。

（2）车票的分析功能。对车票有效性进行分析，查询车票历史交易信息。

（3）票务处理及服务功能。对无法正常完成进出站的车票进行票务更新，发售出站票、退票、补票处理，受理车票挂失，车票续期（年审），查询票价及其他服务。

2. 人工售/补票机在两种工作模式下的基本功能

(1) 操作模式。人工售/补票机根据其安装位置的不同，可设置成售票模式（BOM）或补票模式（EFO）。不同操作模式下实现的功能可由系统参数灵活设置，允许使用或禁止使用。

当人工售/补票机设于车站非付费区的售票亭内时，人工售/补票机处于售票模式，为乘客提供车票分析、售票/赋值、加值、更新、退款、查询等服务。

当人工售/补票机设于车站付费区的补票亭内时，人工售/补票机处于补票模式，为乘客提供补票/罚款、发售出站票、车票分析、替换、更新、查询等服务。

(2) 车票分析。人工售/补票机应能根据车票内编码信息，对车票的有效性进行分析，包括车票的密钥安全性、合法性、状态、黑名单、使用地点、有效期、余值/乘次、进出次序、超时、超程及更新信息等检查。

车票分析的具体内容应根据系统运行模式及设备操作模式的不同运用方式来确定，应由系统参数进行设置。各种车票无效原因应赋予不同的代码。

对储值票进行分析时可显示最近10次的历史交易数据及车票状态。

车票分析情况及相关信息可通过操作显示器及乘客显示屏显示。

(3) 车票发售和赋（加）值。人工售/补票机应能按系统设置发售已初始化但未赋值的车票，如单程票、储值票等。人工售/补票机在对车票赋值前，需要对车票进行有效性检查，同时检查车票的类型是否为需赋值车票类型。在对车票进行赋值时，将有关的赋值编码信息写入车票，但不修改车票的初始化数据。为确保赋值的正确性，赋值后对写入车票内的数据进行校验。如果连续出现编码校验错误的次数达到参数设置次数，设备将暂停服务，并将该信息上传到车站计算机和中央计算机。根据系统设置，人工售/补票机还能发售已赋值车票，如纪念票、公共交通卡等，发售时能自动记录发售车票的编号及张数。

人工售/补票机在整个售票过程中，都会在乘客显示器、操作显示屏上显示相关信息，为乘客和操作人员提供明确的信息提示：赋值前，在乘客显示屏上显示需赋值的车票类型，在操作显示器上显示需赋值的车票类型、赋值金额。车票被成功赋值后，在操作显示器及乘客显示屏上显示车票的实际赋值金额，以及各应收单项及合计金额、收取金额及应找金额等信息。若车票未能成功赋值，在操作显示器上会明确显示相应信息，并发出提示声。

人工售/补票机还能对储值票、公共交通卡等进行加值操作。在进行加值处理时需对储值票的有效性分析，显示车票余值及允许价值金额，然后通过人工输入加值的金额对储值票进行加值。在加值处理时，优先考虑储值票的欠费金额，扣除卡内的欠费部分后，才作为实际的车票余额。

人工售/补票机设计有加值信用额度限制和加值授权机制。

人工售/补票机可根据需要打印售票或赋值（加值）收据，也可设置成自动打印。

(4) 出站补票。人工售/补票机可对无票乘客的出站进行补票，在收取补票金额及罚款金额后，发售付费出站票让乘客检票出站。补票金额及罚款金额由系统参数进行设置。当乘客手持的车票已损坏（包括车票内部分数据丢失无法进行更新）而无法出站时，人工售/补票机也同样可发售免费出站票让乘客检票出站。对于不同的出站补票情况，人工售/补票机均应记录在案，同时将信息上传至车站计算机。

在补票过程中，操作显示器和乘客显示屏都会给操作员、乘客提供必要的信息显示，如补票原因、应补票值、罚款金额、实收金额、应找金额等，且根据需要也可打印收据。

（5）车票更新。对车票进行分析后，属于下列几种类型的无效车票，操作人员可通过人工售/补票机对车票进行更新处理：

1）在非付费区持未出站车票，可检查车票进站时间是否在参数设置的允许范围内，以及车票进站地点是否为本站，若符合条件则进行免费更新，否则应收取相应的金额，所收金额由参数设置。

2）在付费区内持未进站车票，操作员可对车票进行更新处理，处理要求由系统设置的参数决定。

3）在付费区内车票超时、超程，操作员可对车票进行更新，收费金额由系统参数决定。当车票同时存在两种或两种以上需要更新的项目时，应对每项更新处理进行确认，并以其中最高收费标准进行处理。

在进行更新处理时，人工售/补票机将更新车票的进出站状态、时间及车费更新标志等编码信息，同时将交易信息记录在数据库内。

（6）退款。操作人员可通过人工售/补票机对符合退款条件的车票办理退款手续，相应的退款信息能上传至中央计算机。

（7）收益管理。人工售/补票机能自动记录每次交易中的应收金额、应退金额、收取金额、应找金额等，其中，收取金额由操作员输入。人工售/补票机还能自动对各种车票处理涉及的数量、金额和各类收款、支款数据等进行统计，并生成相关报表。

在操作员班次结束时，人工售/补票机能自动生成班次报表，供票务和现金的交接和审计。

（8）登录/注销。人工售/补票机具有相应的安全措施，防止非法进入，并进行操作。在人工售/补票机上进行操作前必须进行登录。各类操作人员的 ID 号、密码、操作权限由系统设定。操作人员通常分为售票人员、维护人员、管理人员等不同类型，对操作权限进行限定。

人工售/补票机对所有操作人员的登录及注销，包括登录人员 ID 号、登录及注销时间、车票处理统计数据、现金处理统计数据等进行记录，并可在班次报表中反映出来。

（9）维护和诊断。人工售/补票机具有维护和故障诊断功能，能对设备的寄存器数据进行查询，对乘客显示器、读写器、打印机等进行测试，还能通过发售测试票，检查人工售/补票机的工作状态。人工售/补票机的基本功能见表 4-1。

表 4-1　人工售/补票机的基本功能

BOM 模式	EFO 模式
登录/注销	登录/注销
发售车票类型：单程票（SJT），纪念/旅游票，测试票	发售车票类型：免费出站票，付费出站票
发售储值票（公交卡）类型：成人票（类型 1，类型 2），儿童票，老人票，测试票	发售储值票（交通卡）类型：无
票务分析：出站更新，交通卡加值，交通卡延期	票务分析：进站更新，超程更新，超时更新
诊断（需有操作权限）	诊断（需有操作权限）

4.1.3 工作原理

1. 主要技术指标

(1) 运行环境。人工售/补票机运行环境见表 4-2。

表 4-2 人工售/补票机运行环境

项目		指标
温度	工作	0～40℃
	存储	−15～50℃
湿度	工作	10%～95%（不结露）
	存储	5%～95%（不结露）

(2) 性能指标。

1) 输入电源：$220V^{+10\%}_{-15\%}$，50Hz（1±4%）。

2) 车票读写速度：每张小于或等于 0.3s。

3) 发卡模块出票速度：每张小于或等于 1s。

4) 可靠性指标：MCBF≥100 000 次，MTTR≤30min。

5) 与 SC 通信接口：以太网接口（10/100Mbit/s）。

6) 待机功率：≤150W。

7) 工作功率：≤350W（人工售票机）；≤300W（人工补票机）。

2. 总体架构

人工售/补票机以主控单元为主，辅以车票读写器、显示器、打印机、电源等模块组成，还可根据需要配置触摸屏、车票处理装置、银箱等部件。

人工售/补票机的总体架构如图 4-2 所示。

主控单元一般选用可靠性高的工业级计算机设备（工控机），也可选用高档的商用计算机，需要具有丰富的外部接口以支持设备的连接，并需要保留部分接口以支持未来设备的扩充、开发。人工售/补票机可使用键盘、鼠标等通用输入设备，也可配置触摸屏。人工售/补票机还可配置支持自动发售车票的车票处理装置以完成车票的自动发售功能，提高售票速度。自动发售车票的车票处理装置与自动售票机中的车票处理装置类似，在接收主控单元的命令后，可自动完成供票、车票读写、出票等功能。

人工售/补票机可通过车站局域网网络连接到车站计算机（SC），上传车票处理交易、寄存器及设备运行状态日志等数据；接收 SC 或中央计算机（CC）下传的命令、票价表、黑名单及其他参数等数据，对版本控制参数执行自动生效处理，并具有与时钟服务器同步时钟的功能。

当人工售/补票机与车站计算机发生通信故障时，人工售/补票机除不能与车站计算机系统交换数据、接收系统参数及车站计算机系统不能监控该人工售/补票机的工作状态外，其他功能均正常执行。人工售/补票机将交易记录及日志存放在本机存储器中，其中交易记录至少可存放 5 万条，并可储存不少于 7 天的设备状态信息，所保存的数据在必要时，根据需要删除最不重要或最旧的数据。当网络恢复后，人工售/补票机自动进行参数同步，自动上传未传送的设备运行数据到车站计算机。

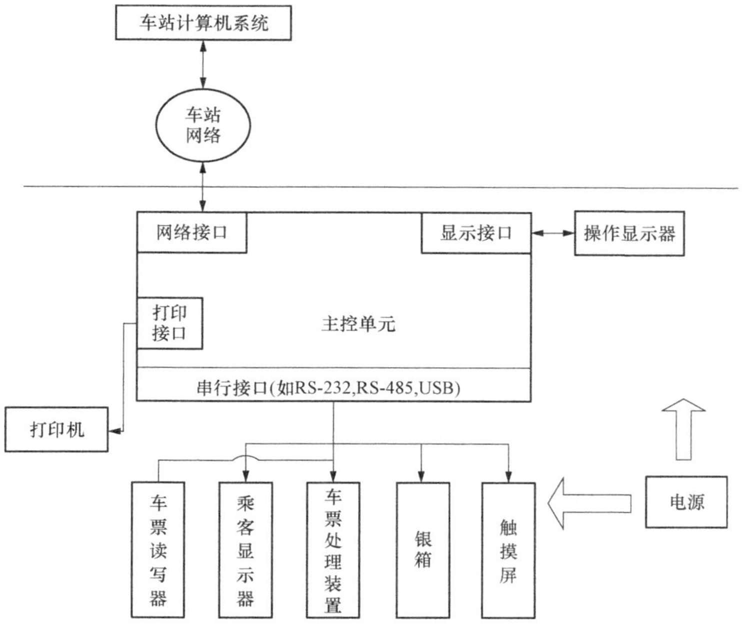

图 4－2　人工售/补票机的总体架构

3. 系统框图、连线图

（1）系统框图。人工售/补票机采用功能化、模块化设计，整个系统以主控单元为核心，通过串口或 USB 口控制各个外围设备的运行，人工售/补票机系统框图如图 4－3 所示。由于各外围设备功能单一、独立性好，从而使整机具备高可靠性、可维护性和可扩展性。主控单元采用工业级计算机，负责控制内部各模块部件协调工作及故障检测，并与车站控制中心通信。

（2）连线图。人工售/补票机的供电也分为交流供电和直流供电两种，为不同模块的正常工作提供所需电源。交流供电示意如图 4－4 所示。直流供电示意如图 4－5 所示。

4.1.4　基本处理流程

人工售/补票机的基本处理功能如下：

（1）出售单程票、交通卡、交通卡加值与授权、票务更新等。

（2）系统诊断、票价查询。

（3）接收 SC 下发的系统运行参数、运行模式及黑名单等信息。

（4）向 SC 上传原始交易数据和设备状态信息，管理票务收益和报表。

（5）BOM 的系统活动状态包括初始化状态、空闲状态、工作状态、故障状态和运营关闭状态。

（6）初始化状态：装载相关 DLL，读入参数，初始化有关通信口，检测有关硬件模块，初始化有关模块单元。

（7）空闲状态：未登录状态。等待用户登录，系统无故障，包括运营结束。

（8）工作状态：操作员已登录，进行票务处理（售票、更新、加值、查询等）和相关检测。

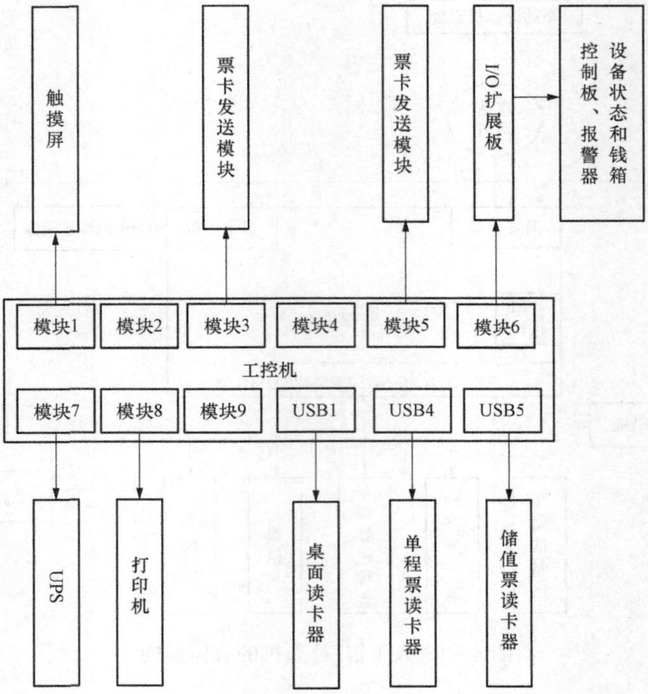

图 4-3 人工售/补票机系统框图

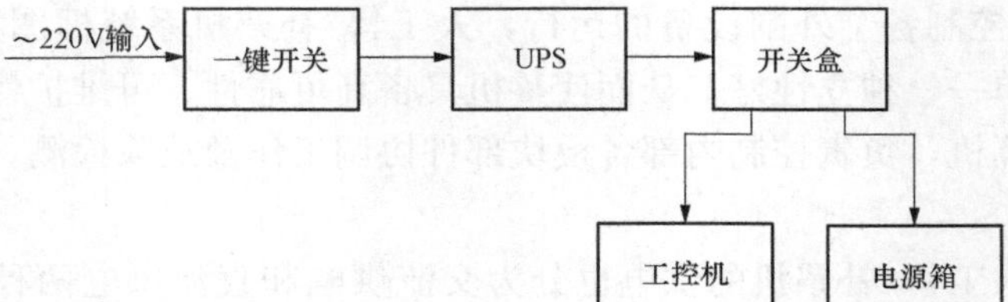

图 4-4 交流供电示意

(9) 故障状态：系统产生故障，无法继续工作，等待故障解除。

BOM 状态转换如图 4-6 所示。

其中，工作状态包括售票、分析更新（BOM/EFO）、授权加值、设备诊断四个子功能模块。

1. 单程票发售流程

人工售/补票机在发售车票时的车票有效性检查内容如下：

(1) 密钥安全性检查。

(2) 票种合法性检查。

(3) 车票状态检查。

人工售/补票机的车票发售交易的基本流程如图 4-7 所示。

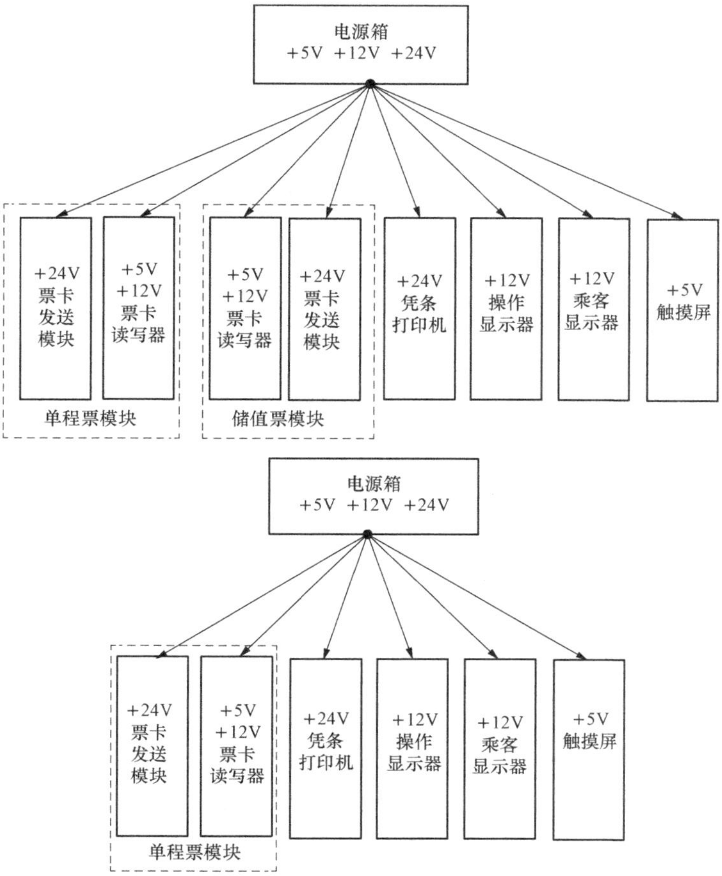

图 4-5 直流供电示意

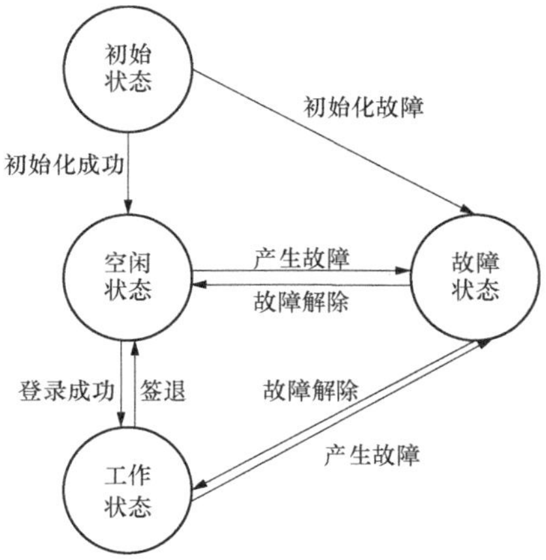

图 4-6 BOM 状态转换

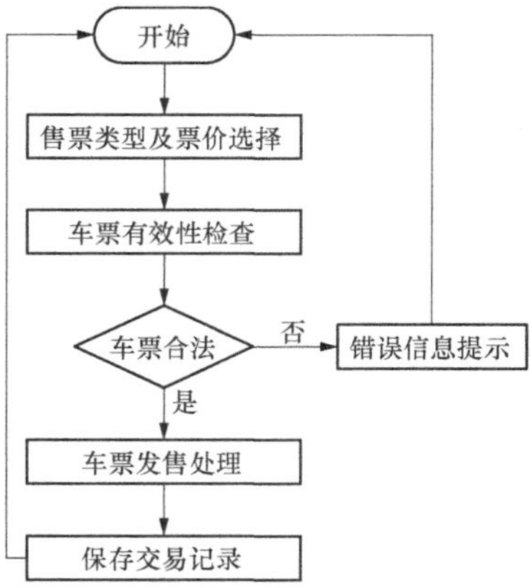

图 4-7 人工售/补票机的车票发售交易的基本流程

2. 票务处理流程

人工售/补票机在进行票务处理之前，首先将对车票进行分析，如果车票当前状态不正常，则必须先进行更新处理后才能执行其他交易。车票分析包括车票有效性检查和车票状态分析两部分。

有效性检查的主要内容如下：

(1) 密钥安全性检查。

(2) 黑名单检查。

(3) 票种合法性检查。

(4) 车票状态检查。

车票状态分析的内容如下：

(1) 使用地点检查。

(2) 余额检查。

(3) 有效期（使用时间）检查。

(4) 进出站次序检查等。

人工售/补票机在进行票务处理时的基本交易流程如图 4-8 所示。

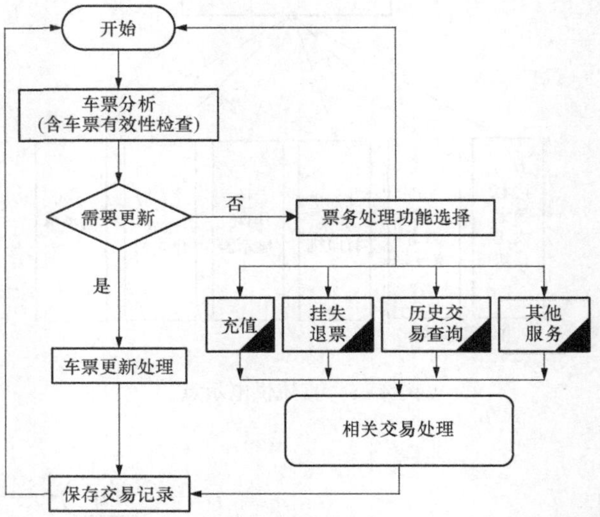

图 4-8 人工售/补票机在进行票务处理时的基本交易流程

3. 加值授权流程

人工售/补票机对储值卡（公共交通卡）进行充值前，需要通过卡的管理、发行部门的认证后才能对卡进行售卡/充值。所谓认证，也就是对 BOM 读写器内的 ISAM 卡进行密钥分析功能，俗称激活。激活后的 ISAM 卡一旦失电，必须重新激活。

ISAM 卡的激活只有通过下列两个渠道：

(1) 交通卡结算中心（加密机），要求存在通信链路。

(2) 认证卡，用认证卡完成 ISAM 卡的激活，称为降级模式。

授权金额和授权时间是授权的两个要素。

(1) 当授权用尽时，BOM 必须重新获得授权才能继续售卡/充值。授权必须由 BOM 通过通信线路向交通卡结算中心申请。

(2) 当人工售/补票机由于通信线路故障等原因，无法完成授权时，可采用应急的方式进行降级授权，即使用降级授权卡。降级授权卡（认证卡）由公共交通卡发行单位给出，使

BOM依然可完成ISAM卡的认证或获得降级（临时）授权的接触式IC卡，由PIN控制认证卡的存取。当BOM使用授权卡（降级模式）时，可使用一次（仅限一次）降级授权。充值授权流程如图4-9所示。

4. 通信处理流程

人工售/补票机必须通过车站网络与SC保持通信连接，以完成参数下发、交易数据上传、授权、设备状态监控等功能。通信处理流程如图4-10所示。

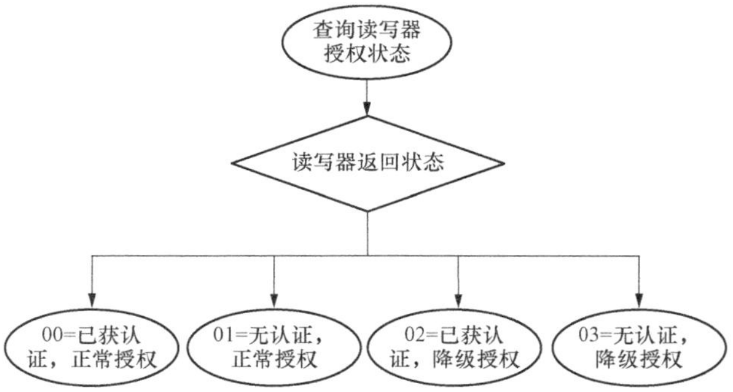

图4-9 充值授权流程

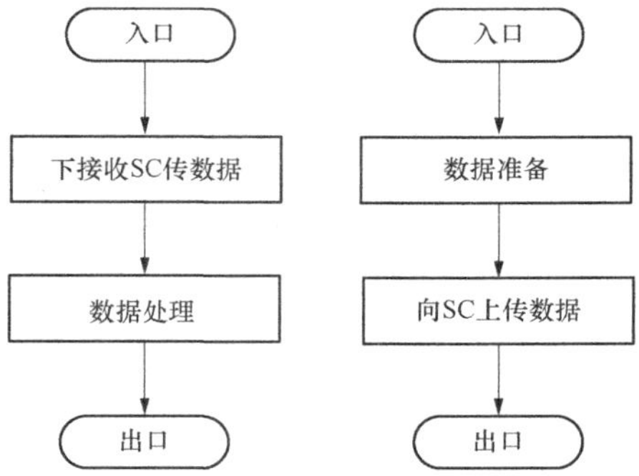

图4-10 通信处理流程

4.1.5 工作模式

人工售/补票机具有两种工作模式，即售票模式（BOM）和补票模式（EFO）。在售票模式下可发售除出站票外的各种车票，并可进行票务处理及其他服务。在补票模式下只允许发售免费出站票和付费出站票，用于无票或车票损坏的乘客补票使用，其他车票均不能发售，此外还支持车票超时更新、超程更新和进/出站次序更新的操作。

4.1.6 数据管理

人工售/补票机内保存的数据包括设备状态数据、交易数据、本机统计数据、日志文件、参数文件等。设备能至少保存最近的50 000条交易数据及7天的设备数据。当与车站SC通信中断时，具有离线工作和数据保存能力。在通信恢复时，BOM能自动将保存的交易数据及时上传给SC。

设备状态数据、交易数据和本机统计数据均由人工售/补票机生成。人工售/补票机定时检查各部件的工作状况，在设备状态发生变化或部件工作状态发生变化时，人工售/补票机记录状态信息，并将相关信息实时上传到车站计算机系统。当有交易发生时，人工售/补票机将记录交易的结果，包括时间、车票信息、交易金额及交易结果等，并实时上传、定时刷新本机的统计数据（包括现金数据）。参数文件的管理方式与检票机类似。

人工售/补票机本机统计数据除可按照时间统计外，还可按照操作员班次进行统计管理，生成操作员班次报告。系统管理员可查询及打印操作员班次报告以便对操作员进行管理。

4.1.7 人机接口和操作界面

人工售/补票机的人机接口包括操作员人机界面和乘客显示器。

操作员人工界面提供良好的图形界面供操作员完成各种业务，人工售/补票机操作员界面如图4-11所示。操作员使用键盘、鼠标或触摸屏完成各项功能的选择，输入命令，并获得各种执行和操作提示。操作员在开始操作时，应首先输入操作员号和密码进行登录，应用软件将根据操作员的权限开放允许的功能。人工售/补票机的功能比较丰富，在人机界面的设计上应尽可能采用统一的入口以方便操作员准确快速地完成交易和各项服务。操作员界面上还应当同时显示设备的工作状态和故障信息。

人工售/补票机还具有维护界面，用于对读写器、乘客显示器、通信、车票发售机构、电源等部件的测试，方便维护人员进行设备维护和尽快排除故障。

乘客显示器面向乘客，可显示中英文信息，主要用于显示需要乘客确认的信息（如加值金额、本次交易金额等）、车票信息及交易的执行状态，乘客显示器如图 4 - 12 所示。

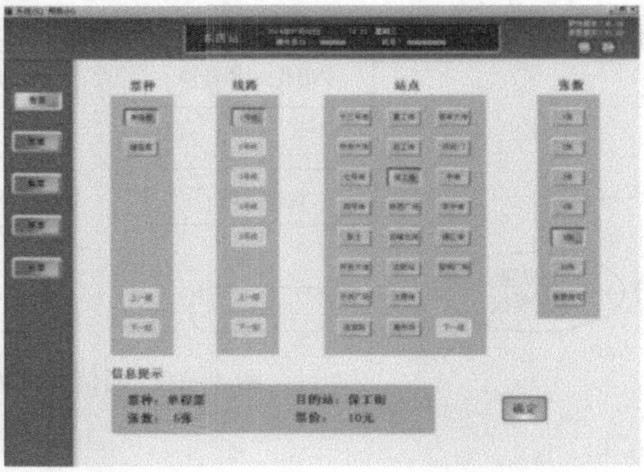

图 4 - 11　人工售/补票机操作员界面

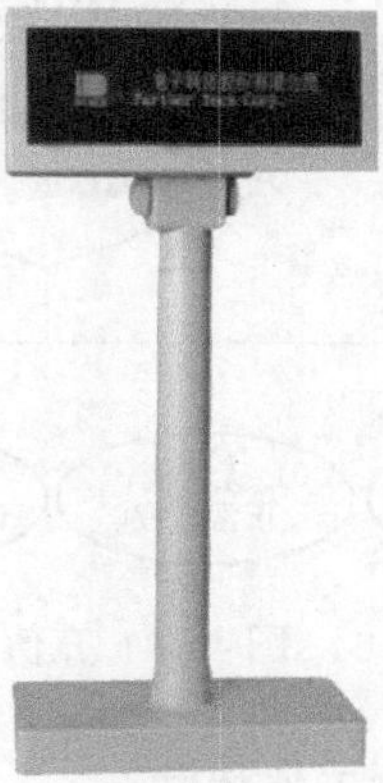

图 4 - 12　乘客显示器

4.1.8　外部接口

人工售/补票机的外部接口主要包括车站计算机系统接口和紧急按钮信号接口。

人工售/补票机通过车站网络与车站计算机进行数据交换，物理接口的形式由车站网络决定。

1. 从 SC 下载到人工售/补票机的工作参数

(1) 收费表。

(2) BOM 配置。

(3) 可发售优惠的多程票。

(4) 收费时间表。

(5) 系统方式。

(6) 系统表中的时间。

(7) 时钟时间同步。

(8) 黑名单车票序号。

(9) 职员 ID 和 PIN。

(10) 状态/寄存器数据请求。

2. 从 BOM 送往 SC 的数据

(1) 接收一个状态请求后，BOM 响应：

1) 设备号。

2) 工作状态。

3) 状态寄存器内容。

（2）接收一个寄存器状态请求后，BOM 响应：

1）设备号。

2）寄存器数据和车票交易数据。

紧急按钮信号接口通常采用无源触电方式，用于接收紧急按钮信号以便进入或退出紧急状态。紧急信号一般采用独立的线缆，或者利用专用通信线缆中预留的芯线。紧急信号通常为 24V 的直流信号。人工售/补票机接收到紧急状态信号时，将在显示器上显示相应的报警信号，由操作人员决定是否退出服务。

4.2　模块构成及功能

人工售/补票机整机设备外形结构设计类似于常见的办公自动化设备，分桌面工作区、设备箱、发卡箱 3 个部分，由主控单元、操作显示器、乘客显示器、票卡处理模块、读卡器、触摸屏、钱箱、报警器、发票打印机（针式）、直流分线板、电源箱、不间断电源、开关盒、漏电开关、I/O 扩展板等硬件组成。

4.2.1　外观与结构

人工售/补票机外观如图 4－13 所示。箱体与桌体通常为分体式设计，箱体为单扇门结构设计。人工售/补票机组成模块如图 4－14 所示。

图 4－13　人工售/补票机外观

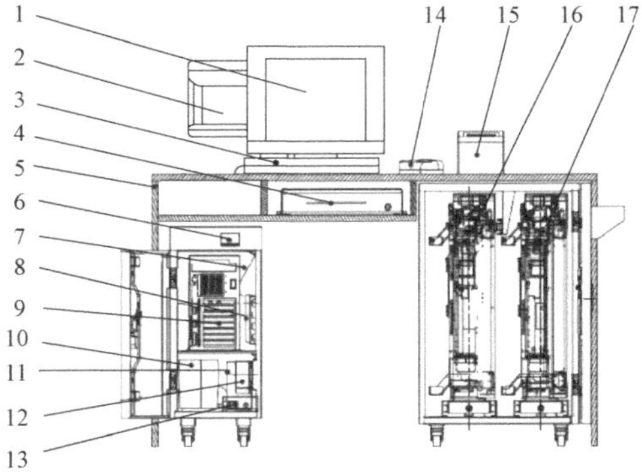

图 4－14　人工售/补票机组成模块

1—操作显示器；2—乘客显示器；3—键盘；4—钱箱；5—桌子；6—一键开关；7—报警器；8—I/O 扩展板；9—工控机；10—UPS；11—电源箱；12—漏电保护开关；13—开关盒；14—桌面读写器；15—针式单据打印机；16—单程票卡处理模块；17—储值票处理模块

4.2.2　供电系统

人工售/补票机设备输入电压直流 $220\text{V}^{+10\%}_{-15\%}$，$50\text{Hz}^{+4\%}_{-4\%}$。外接总电源通过不间断电源到开关盒整机，并在前端加装漏电保护开关。开关盒输出的交流电到电源箱和主控单元。

4.2.3　电源模块

人工售/补票机的电源模块用于为读写器、乘客显示器、打印机等提供电源。人工售/补

图 4-15 人工售/补票机电源外观

票机电源外观如图 4-15 所示。部分车站通信网络采用 RS-422 等串行方式总线的人工售/补票机，需要有专门的通信接口模块，一般也安装在电源模块箱内。部分人工售/补票机还配有 UPS，以满足交流电失电后能完成最后一次交易，并保存好交易数据。主控单元应能检测交流供电和 UPS 的工作状态，当 UPS 供电低于设定值时，主控单元应能自动关机。当供电恢复正常时设备能自动开机，恢复运行。

4.2.4 主控单元

主控单元（ECU）通常采用工业级计算机，负责运行人工售/补票机的控制软件，完成车票处理、数据通信、状态监控及故障检测等功能。主控单元（ECU）采用模块化设计，以满足物理和功能上的互换性要求，便于维修，主控单元外观如图 4-16 所示。主要技术要求如下：

（1）采用低功耗 CPU，主频 1GHz 以上。

（2）512M DDR RAM 内存，可升级至 1G。

（3）配备工业级硬盘或 CF 卡，用于保存数据。

（4）具有多 I/O 接口，以满足各部件、模块连接要求，主要包括 USB2.0 口、并口/串口、PS/2 键盘/鼠标接口、以太网口等。

（5）带后备电池，具备电源故障数据保护功能，以避免在电源故障时丢失数据。

（6）工作温度：0～60℃；MTBF＞1 000 000 h。

（7）操作系统：UNIX、Windows98/2000/XP、Linux。

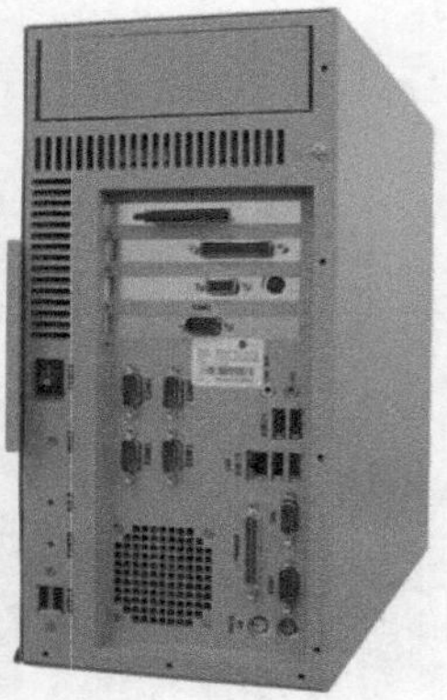

图 4-16 主控单元外观

4.2.5 显示器模块

人工售/补票机的显示器模块包括操作显示器和乘客显示器。

1. 操作显示器

操作显示器为操作人员提供实现人工售/补票机各种功能的操作显示界面。操作显示器可通过中文及英文显示有关车票分析及编码、现金处理、操作指示、系统状态及设备状态等信息。在对车票进行处理时，显示所需的车票编码及分析信息，并能显示下一步操作的指示信息；在进行现金处理时，能显示有关现金处理信息。操作显示器能显示系统及设备状态等信息，如当前系统模式、设备当前运行模式、设备故障信息等。操作显示器显示的信息采用图形化显示，清晰明了、界面友好，能给予操作员明确的指示及提示。

操作显示器可采用 CRT 显示器或 TFT－LCD 液晶显示器，屏幕尺寸一般不小于 15in。由于液晶屏具有体积小、功耗低等优点，所以目前已由液晶屏取代 CRT 显示器。

操作显示器的基本要求如下：

(1) 分辨率：1024×768 以上。

(2) 亮度：≥300cd/m²。

(3) 对比度：≥500∶1。

此外，操作显示器还可加装触摸屏，方便操作员通过触摸屏对人工售/补票机进行操作。

2. 乘客显示器

在人工售/补票机对应的付费区及非付费区分别安装乘客显示器供乘客查看有关车票分析及现金信息，并用中英文同时显示。在没有登录前，乘客显示器显示暂停服务的信息，在登录后，显示正常服务的信息。当发生故障时，显示暂停服务的信息。显示屏内用中英文显示的所有信息清晰、易懂。

乘客显示器采用 LCD 液晶屏或 VFD 显示屏。由于 VFD 具有亮度高、使用寿命长的优点，被广泛使用，乘客显示器能显示 8×8 点阵汉字 2 行，每行至少 8 个汉字，或者显示 16×16 中文字符，字符大小是 17mm（H）×15mm（W）；视角是垂直 100°，水平 90°；工作温度－20～70℃。

采用 LCD 屏显示时，可采用彩色图形显示，丰富显示内容。

4.2.6 键盘、鼠标

键盘、鼠标是用于控制 BOM 的操作，在工控机的背后分别与 PS1、PS2 端口相连。

4.2.7 打印机

打印机用于车票发售、加值单据打印，用于打印班次报表或其他有关信息，可通过设定选择完成一次交易，打印机就打印一次，给出运行号、系列号、截止日期等。单据打印机外观如图 4-17 所示。

图 4-17 单据打印机外观

人工售/补票机一般采用小型针式打印机，也可采用小型热敏打印机。热敏打印机具有使命寿命长、故障率低的优点，但打印后的单据不能长期保留。目前，人工售/补票机还是以使用针式打印机为主。打印机有自检功能，操作人员或技术人员使用前必须启动自检。自检提供有关固件及其他参数的信息，如果自检失败，打印机将不会工作，也不会有任何打印输出。打印机支持打印 ASCII 码，简体中文和图形。打印机内安装有传感器，可检测出纸张不足和纸张堵塞的故障。打印机维护方便，进行换纸和打印头清洗时不需借助工具便可完成。打印机具备自动切纸控制功能，实时状态检测，支持打印多张的方式实现打印多联。

打印机的主要技术指标如下：

(1) 打印方式：9 针列式双向打印。字体：西文 5×7 或 7×7，中文 15×16。

(2) 打印机列数：42；宽度：76mm；打印速度：4.1LPS。

(3) 接口：串口或并口。

4.2.8 票卡处理模块

人工售/补票机的票卡处理模块通常与自动售票机（TVM）的车票处理模块相似。其主要由对票卡进行读写的票卡读写器和发售 IC 车票的车票处理单元组成，IC 票卡处理模块如图 4-18 所示。

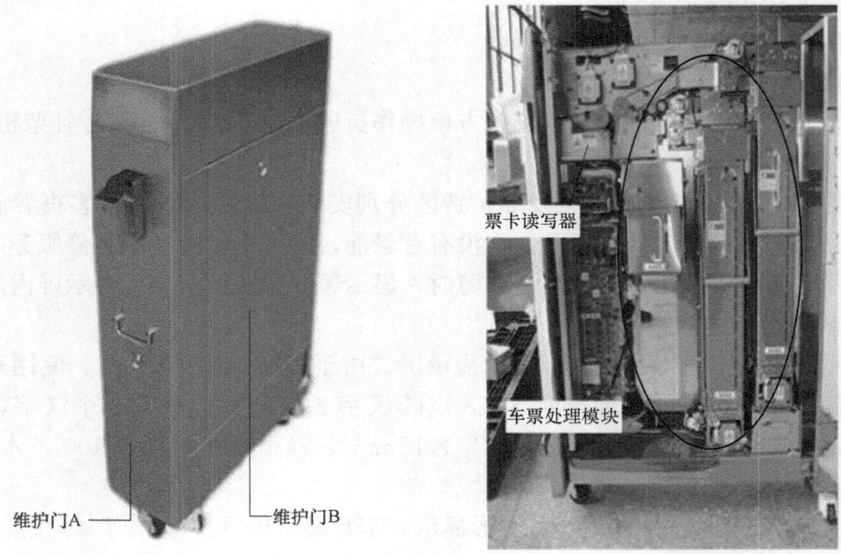

图 4 - 18 IC 票卡处理模块

1. 车票处理单元

车票处理单元可用来完成单程票车票的自动发售功能，以提高人工发售车票速度和效率。在以自动售票机自助式售票为主的车站，车票处理单元可作为应急发售车票装置。车票处理机构内的主要部件车票发卡装置、读写器、出票控制板等与自动售票机中的模块基本类似。处理机构与主控单元通过串口连接，在接收主控单元发出的指令后，对单程票进行各种处理，如读取车票内存信息，判断车票的有效性，对车票内储值清零、赋值、校验、出票和废票回收等。车票处理机构能一次发售多张同一票值的车票。

车票处理机构的基本功能要求如下：

(1) 具有 BOM 的分析和发售单程票功能。

(2) 一次可连续发售 100 张车票。

(3) 装有废票回收盒，回收盒容量大于或等于 50 张。

(4) 发票装置与 BOM 主机的通信连接采用通用的接口方式。

(5) 发票装置有独立的电源控制开关及电子器件的复位控制按钮。

(6) 发票速度：连续发票速度（从票箱至出票口）≤1 张/s。

(7) 单次发票速度（确认后）≥30 张/min。

(8) 具有独立的维修诊断程序，能对发票装置所有传输控制器进行检测，方便故障的鉴别和诊断，如发票装置的通信。

(9) 运行车票的输送马达。

(10) 车票路径和控制传感器。

(11) 车票读写器。

(12) 可预留发售测试票。

(13) 在自动发售模式下，对发票过程具有显示、监控作用，实时将运行数据和机器状态信息通过显示屏向操作人员提供显示。

(14) 当发票装置发生故障或报警时，在 BOM 显示屏有相应的信息提示出现，停止自动发票，等待操作人员做相应处理。若报警消失，继续工作；若报警未消失，可切换进入手动发售模式。

(15) 当发票装置在自动发票过程中出现连续三次发票失败，则停止自动发票，显示屏上显示发票失败的信息提示，可切换进入手动发售模式。

(16) 能自动检测票盒中票的位置，当输入票盒中票“空”或废票盒票“满”，显示屏应提示告警信息，停止自动发票，操作人员做相应处理确认后，清除告警，恢复运行。

(17) 自动发票要求计数准确，统计记录废票盒中的废票数量，可打印自动发票装置班次操作记录和汇总。

(18) 可靠性：工作环境温度：−10～45℃；平均故障间隔次数 MCBF≤20 000。

2. 票卡读写器

票卡读写器用于车票进行读、写、校验等处理。BOM 读写器要求可同时处理单程票和储值票（公共交通卡），内置天线，并至少配置 2 个 SAM 卡插槽。技术指标满足 DGJ 08 - 1102—2005《城市轨道交通单程票非接触集成电路（IC）卡通用技术规范》和 DGJ 08 - 1104—2005《城市公共交通非接触式集成电路（IC）卡通用技术规范》的要求。

票卡读写器的读写距离即卡与票卡读写器天线之间平行的垂直距离一般不小于 60mm，在此区间，卡与票卡读写器之间可进行数据交换和实现各项操作。

票卡读写器完成一次交易的时间：按照规定的数据格式，单程票与票卡读写器之间完成一次交易所需时间小于 200ms；储值票与票卡读写器之间完成一次交易所需时间小于 300ms。

票卡读写器外壳具有防水、防潮能力，以保证在车站环境下的长期使用。BOM 读写器还有电源和工作指示灯，通过指示灯能观察到票卡读写器的工作情况。票卡读写器与工控机的信息一般采用 SR - 232 或 USB 接口，通信速率在 28 800～33 400bit/s。

4.2.9 钱箱

人工售/补票机配备一个钱箱用于保管运营过程中接收到的现金，钱箱外观如图 4 - 19 所示。

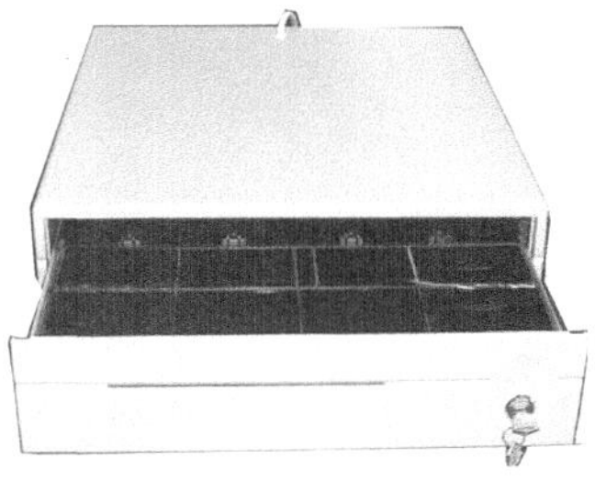

图 4 - 19 钱箱外观

4.3 软 件 安 装

4.3.1 运行环境的建立

应用软件运行所需环境如下：

(1) 硬件：PⅣ2.4GHz、512MB RAM、80GHDD、触摸屏、1280×1024 分辨率显示。

(2) 软件：Windows XP Professional 操作系统、ADO 组件、Dunite 组件。

1. 操作系统安装

人工售/补票机系统软件采用 Windows XP Professional 操作系统。其构建在已通过验证的 Windows 2000 代码库基础之上，它提供了业内领先的可靠性、安全性与性能，并且具备最新的多媒体、电源管理及设备支持能力。

2. 驱动程序安装

操作系统启动后，按照以下次序安装设备驱动程序：

(1) 安装串口板驱动程序。

(2) 安装触摸屏驱动程序。

(3) 设置触摸屏程序，将 Mouse Mode 设置为 Click On Touch。

(4) 安装 wrar330en. exe。

(5) 安装 Dunite - Standard。

(6) 安装读写器驱动程序。

3. 系统设置

驱动程序安装完后，进行下列系统设置：

(1) 设置设备的网络 IP 地址。

(2) 在磁盘分区 D 盘根目录下创建一个“BOM”文件夹，将数据库安装程序复制到“D：\BOM”，点击安装程序安装数据库。

(3) 将系统锁定安装程序复制到“D：\BOM”，点击安装程序安装，安装系统锁定程序并进行设置。设置是否自动登录到操作系统，以及需要启动的应用程序。

4.3.2 软件安装

将软件包复制到设备的 D 盘下。软件包自解压后的目录为“D：\BOMUIBin\”。直接将应用软件安装在“D：\BOMUIBin\”目录下。之后配置相关设备的线路号、车站 ID、设备编号、设备类型、SC 的 IP 地址、时钟服务器的 IP 地址。最后，重新启动设备，完成软件的安装。

4.4 常见故障及处理

4.4.1 诊断与测试

为便于对人工售/补票机的工作状态进行检测，同时在设备发生故障时能及时进行判断，人工售/补票机具有通过人机接口界面（显示器）对设备和部件进行测试、诊断，以尽快查出原因的功能。

4.4.2 典型故障处理案例

1. 人工售/补票机触摸屏显示器黑屏

(1) 故障描述。

1) 设备名称：北京地铁某线路 BOM。

2) 故障现象：BOM 触摸屏显示器黑屏，无法正常使用。

3) 故障影响程度与等级：报修，BOM 无法正常使用。

(2) 故障处理过程。

1) 故障信息获得。客运人员报修：BOM 触摸屏显示器黑屏。

2) 先期故障预判断及准备内容。AFC 设备检修人员接到报修后，进行先期预判断，可能引发的原因有以下 6 种：

a. BOM 电源关闭。

b. 显示器电源关闭。

c. 显示器数据线松动或损坏（紧固数据线或更换数据线）。

d. 显示器电源线松动或损坏（紧固数据线或更换电源线）。

e. 显示器损坏（更换显示器）。

f. 软件问题。

准备内容：常用工具、显示器电源线、显示器数据线、BOM 显示器等。

3）故障现象确认及初步诊断。AFC 设备检修人员到达现场后对 BOM 进行检查，发现除显示器黑屏外，其他模块正常。排除 BOM 电源关闭的可能初步诊断为上述 b、c、d、e、f 原因：

4）故障实际查找及确认。

a. 紧固电源线，显示器无反应。

b. 重新拔插电源线，显示器显示"无信号输入"。排除显示器电源关闭及电源线的问题，显示器显示"无信号输入"，说明显示器输入信号有问题。

c. 拔插数据线，显示器仍显示"无信号输入"。

d. 重启 BOM 工控机，观察设备反应。在 BOM 操作系统启动时，显示器正常显示启动界面，但在显示 Windows 启动进度条后，显示器显示"无信号输入"，进而黑屏。

e. 更换数据线，显示器仍显示"无信号输入"。

f. 更换显示器，故障仍存在。

g. 将黑屏显示器更换至其他 BOM，可显示。说明 BOM 黑屏的显示器本身正常，同时基本排除数据线问题。

h. 怀疑 BOM 工控机有问题，再次重启工控机，BOM 操作系统启动时，显示器正常显示启动界面，但在显示 Windows 启动进度条后，显示器显示"无信号输入"，进而黑屏。观察硬盘指示灯，显示正常，其他模块启动正常，说明操作系统及 BOM 应用程序已正常启动。

i. 查看应用程序。重启 BOM 工控机，尝试在安全模式下启动。安全模式下启动时，显示器正常。由此怀疑显卡驱动程序丢失。查看设备管理器，发现显卡（集成显卡）驱动丢失。

5）故障排除方法及结果。查看 BOM 显卡型号，下载相应显卡驱动。

在安全模式下启动工控机，安装显卡驱动后，设备正常。

（3）原因分析。

1）故障产生的直接原因。显卡驱动程序丢失，显示器无法正常工作。

显卡驱动程序就是用来驱动显卡的程序，它是硬件对应的软件。驱动程序即添加到操作系统中的一小块代码，其中，包含有关硬件设备的信息。有了此信息，计算机就可与设备进行通信。驱动程序是硬件厂商根据操作系统编写的配置文件，可以说没有驱动程序，计算机中的硬件就无法工作。

2）故障直接原因产生因素分析。造成显卡驱动程序丢失的原因可能有以下几种：

a. 误操作，将显卡驱动删除。

b. 非法关机，造成系统文件损坏。

c. BOM 使用的删减版 Windows 操作系统不稳定。

（4）案例处理优化分析。

1）故障处理经过分析。先采取相对简单的处理方法对故障原因进行排查，如电源、电源线、数据线等，必要时使用替换法进行试验（如显示器）。如故障仍未排除，则需考虑其他原因（如软件问题）。

2）故障处理优化解决方案。本故障案例显示，首先要观察故障现象，检查设备状况。对与故障现象相关的模块进行逐一排查。在基本能排除设备硬件故障的情况下，必须对设备软件进行检查。

（5）专家提示。

1）判断故障原因。需要对与故障现象相关的模块逐一排查，判断故障属于硬件故障还是软件故障，有针对性地进行处理。

2）其他提示。大多数类似的显示器黑屏故障是由显示器电源线或数据线问题引起，但此案例说明软件问题也可能会引起与硬件问题类似的故障。必须对软件故障有所认识。

（6）吸取教训。

1）大多数 AFC 设备都可视为一台计算机，设备故障很可能是软件问题引起的，而硬件可能并没有故障。

2）AFC 维修人员必须具有扎实的计算机基础知识和较强的实际操作能力。

（7）预防措施。妥善保存，并且能及时找到设备各种相关的软件、程序。

（8）讨论思考。显卡启动丢失时的故障现象是什么？

2. 人工售/补票机软件运转异常慢

（1）故障描述。

1）设备名称：北京地铁某线路 BOM。

2）故障现象：BOM 软件运转异常缓慢，执行操作命令后 3min 没有反应；关机重启，自检正常，30min 后显示正常服务界面（正常启动应小于 5min）。

3）故障影响程度与等级：报修，BOM 无法满足车站正常使用要求，车站客运人员被迫停用。

（2）故障处理过程。

1）故障信息获得。客运人员报修：软件运转异常缓慢，已停用。

2）先期故障预判断及准备内容。AFC 设备检修人员接到报修后，进行先期预判断，初步判断故障可能为软件故障或工控机外围硬件故障。

准备内容：常用工具、软件光盘、光驱等。

3）故障现象确认及初步诊断。AFC 设备检修人员到达现场后，根据反映的情况，进行一次发票试验，并重启，结果与客运描述一致。

4）故障实际查找及确认。

a. 打开资源管理器，未出现黄色标记，说明驱动问题不大。

b. 用 TESTTOOLS 软件测试，未发现故障显示。

c. 复位各模块，机械运转正常，除运行速度慢外，其他均正常。

d. 逐一拔除工控机硬件模块各接口插头，再重启，故障依旧，说明问题出现在软件上。

e. 打开工控机，目测内部无异常，只留主显示器，通电后，拷出硬盘上运行数据，重新做系统。更换光盘运行 ghost，安装 GRG 专用设备操作系统 008，发现硬盘读写速度仅为 24M/s，只是正常值的 1/12，确定硬盘故障。

5）故障排除方法及结果。更换新硬盘后重做系统，拷回数据，正常。

（3）原因分析。

1）故障产生的直接原因。此故障的直接原因为硬盘经 3 年连续运行内部磨损老化，导致读写速度下降。事后用 HD TUNE 专业版测试，读写速度明显很慢，磁盘表面无坏道，判断硬盘主轴磨损严重，运行阻力大。

2）故障直接原因产生因素分析。按该线路每天 150 万人·次的客流量计算，1/3 左右的人用 BOM 充值、买票，3 年后，每台 BOM 已使用次数远远超过硬盘 3 万次的使用寿命。

（4）案例处理优化分析。

1）故障处理经过分析。此案例说明 AFC 维修人员面对设备运行慢原因估计不足，特别是使用时间较长的设备。

2）故障处理优化解决方案。判断此种故障一般采取以下步骤：

a. 检查工控机外围硬件无误。

b. 重做系统 ghost，观察读写速度应大于 260MB/s。

c. 对于速度明显慢的硬盘进行更换，新硬盘标注更换日期，以区别老硬盘。

（5）专家提示。

1）注意数据备份。

2）更换时断电。

3）注意区别软件故障与硬盘物理损伤，必要时可用专用软件检测。

4）做好新硬盘的标识。

5）填好维修记录。

（6）预防措施。

1）做好设备的技术档案，对使用时间较长的设备，可作为重点巡视对象。对于此类故障，建议定期更换。

2）加强与客运人员的联系，因为他们可提供第一手素材。

（7）讨论思考。

1）硬盘物理损坏有哪些?

2）硬盘正常的读写速度是多少?

3）更换硬盘应注意什么?

5 自动检票机

自动检票机（automatic gate machine，AGM）是自动售检票系统（AFC）的一个重要组成部分，安装于车站站厅层付费区与非付费区的交界处，是实现乘客自助进出站检票交易（在非付费区和付费区间通行）的检票口/闸口。

图 5-1 自动检票机

进站检票机和出站检票机共同形成车站站厅层付费区与非付费区之间的分割线，对进、出站乘客所持车票的有效性进行检查和判断，并做出相应的处理或发出相应的警告和提示，对有效车票，自动检票机通道阻挡装置解除（门扇开启或旋转杆释放），允许乘客进出站，实现自动的进出站检票。自动检票机如图 5-1 所示。

5.1 功能与原理

5.1.1 自动检票机概述

自动检票机（AGM）简称闸机。中国最早应用自动检票机是 20 世纪 80 年代期间用于地铁项目中。20 世纪 90 年代后期，在普通民用和商用场合，包括写字楼、商场超市、景区乃至高端小区等也渐渐出现自动检票机的身影。

自动检票机是一种通道阻挡装置（通道管理设备），用于管理人流并规范行人出入。其最基本、最核心的功能是实现一次只通过一人，可用于各种场合的出入口。

需要指出的是，严格意义上的闸机和自动检票机不是完全相同的概念。闸机的范围较广，只要是用于管理人流出入且能满足一次只通行一人的设备都可视为广义的闸机。自动检票机是闸机结合票务系统的一种具体应用。

自动检票机具有以下基本功能：乘客自助检票，自动检票系统根据检票计划和运行参数，自动读判磁票电子信息，计算乘客乘车费用并扣费；智能监控乘客通行，给乘客提供指导，允许合法乘客通过，阻止不规范的乘客通行行为并报警提示，实现乘客进出站自助检票。

自动检票系统通过车站检票服务器生成及管理检票计划和运行参数，并及时下载到自动检票机，自动检票机自动完成乘客车票的验证，记录检票存根，并按系统设定时间上传到车站检票服务器。

5.1.2 设备功能描述

自动检票机的功能是对乘客所持的车票进行检验，并完成进站或出站的交易处理。在限时、计程的收费规则下，在进入收费区及离开收费区时都需要进行车票检验。进入收费区时检查车票的合法性，并记录进入时的地点和时间；离开收费区时根据进入位置和离开位置计算本次路程的费用，完成车票扣款操作。自动检票机（扇门）有足够的传感器对乘客的通行行为进行监控，能区分大人、小孩、手持行李与手推行李车，并能检测乘客在通道的移动情况，检查到任何非法进入可发出报警声及闪烁提示灯。

1. 自动检票机分类

（1）根据阻挡装置的类型分类，自动检票机可分为三杆式检票机和（扇）门式检票机两大类型。门式检票机又分为剪式扇门检票机和拍打式扇门检票机，自动检票机分类如图5-2所示。

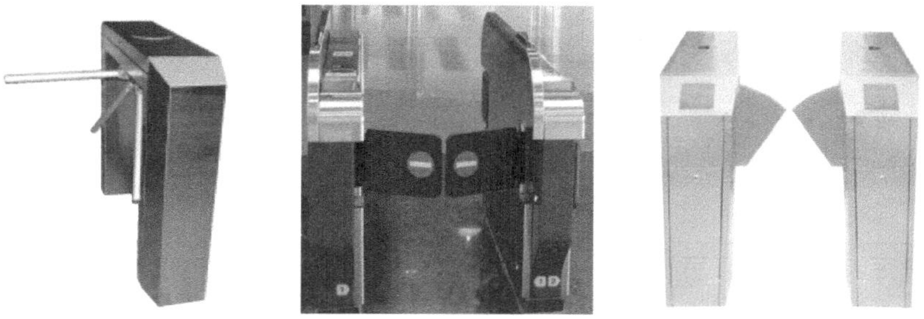

(a) (b) (c)

图 5-2 自动检票机分类

（a）三杆式检票机；（b）拍打式扇门检票机；（c）剪式扇门检票机

（2）根据通道宽度分类，自动检票机可分为普通检票机（通道宽度为 500mm）和宽通道检票机（可供轮椅通过的通道，通道宽度为 900mm）两种，宽通道检票机如图5-3 所示。

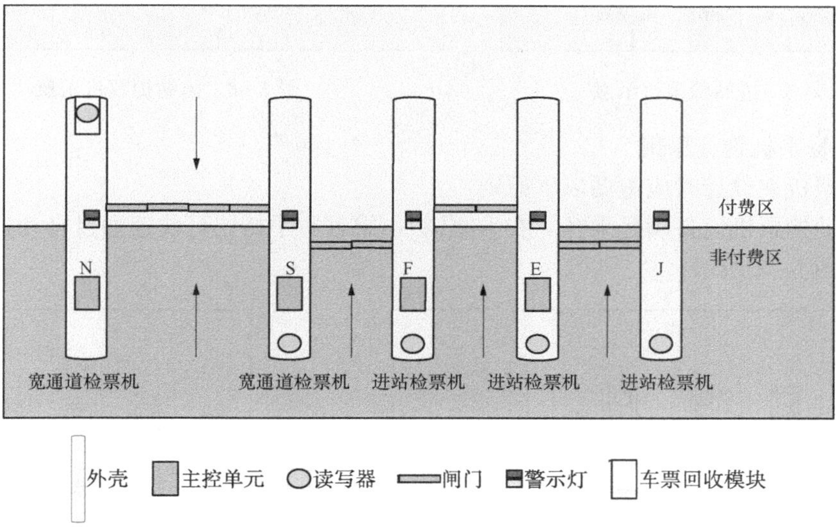

图 5-3 宽通道检票机示意

宽通道检票机有足够的空间让坐轮椅、拄拐杖的特殊乘客通过，并适当放宽通道通行控制，保障乘客顺利通过。宽通道检票机实景如图 5-4 所示。

（3）根据功能分类，自动检票机可划分为进站检票机、出站检票机和双向检票机三种。进站检票机用于完成进站检票，检票端在非收费区，进站检票机如图 5-5 所示。进站检票机构成中没有车票回收装置及车票回收箱。末端检票机不安装读卡器和车票回收装置。

图 5-4　宽通道检票机实景

出站检票机用于完成出站检票，检票端在收费区，出站检票机如图 5-6 所示。出站检票机的构成中需要设置车票回收模块及车票回收箱。

双向检票机既可完成进站检票，也可完成出站检票，在非收费区和收费区可分别按照进站和出站的处理规则（一侧刷卡通行时，对侧方向乘客显示器禁行），完成双向检票通行功能。双向检票机如图 5-7 所示。

双向闸机可和其他双向检票机、进站检票机或出站检票机组合设置，在需要时也可降级为单向闸机使用。

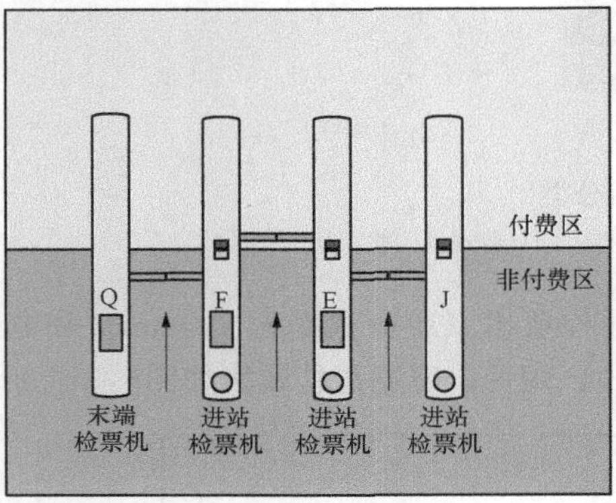

图 5-5　进站检票机示意

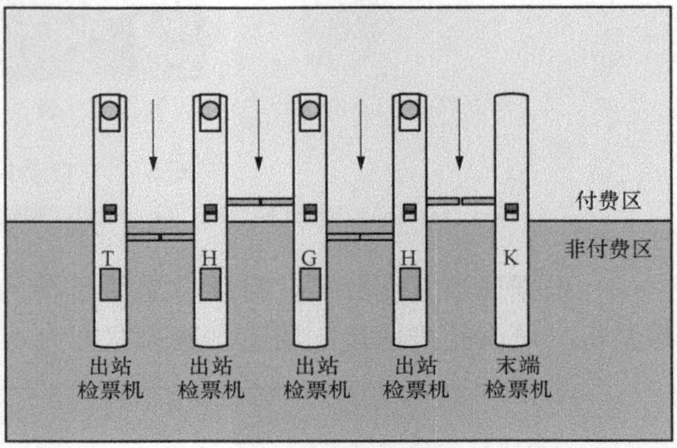

图 5-6　出站检票机示意

2. 自动检票机设计原则

自动检票机在设计时应遵循以下原则：

(1) 自动检票机设备满足乘客“右手原则”，乘客右手持票可快速通过自动检票机检票，检票方向如图 5-8 所示。

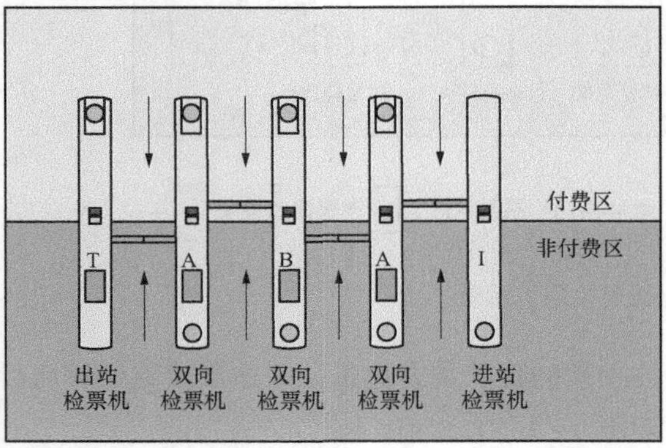

图 5-7　双向检票机示意

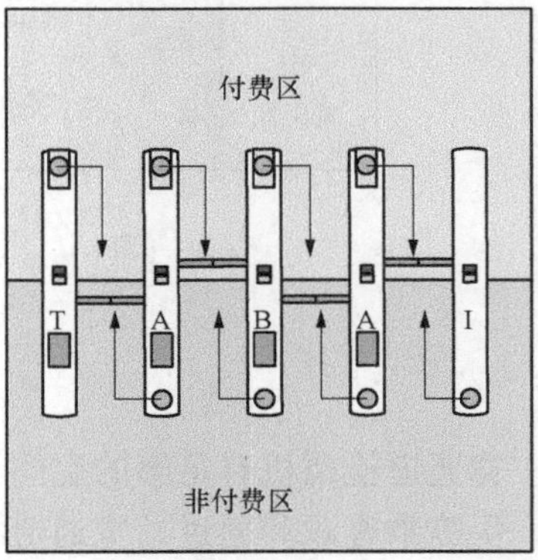

图 5-8　检票方向示意

(2) 对单程票采用“照进插出”方式，对储值卡及手机钱包采用“照进照出”方式，设备对乘客持有效车票，开启通道阻挡设置让其通过。

(3) 出站检票时，设备能回收轨道交通专用单程票。

(4) 发生紧急情况时，通过拨动车站控制室中的紧急按钮或操纵车站计算机系统发出指令，可释放所有通道阻挡装置（三杆或扇门），保证乘客迅速离开付费区。

(5) 保障乘客安全。自动检票机采用圆滑的边角，并且没有毛刺螺钉外漏的光滑表面，防止刮伤乘客，设备外壳接地防止漏电，安装牢固防止倾倒。闸门的设计对乘客不会造成任何伤害。

(6) 保障维修安全。自动检票机内部无毛刺，防止刮伤维修人员，无裸露带电部件，设备接地保证用电安全。内部部件模块化设计并保留充足的内部空间方便拆卸，危险隐患部位有明显标签提示。

3. 自动检票机的功能

(1) 自动检票机的基本功能。

1) 对车票进行有效性检验，对有效车票进行相应处理后放行乘客，对无效车票拒绝放行。

2) 对车票处理结果给出明确的提示信息。

3) 对通道的通行状态给出明确的提示。

4) 对特殊车票的使用给出明确的提示。

5) 对需要回收的车票通过参数设置执行回收操作（如单程票）。

6) 对各部件的工作状态进行监测，并向车站计算机系统上报工作状态。

7) 接收车站计算机系统下发的参数和控制命令，并执行相应的操作。

8) 存储并上传交易信息。

9) 具有进/出客流记录、扣除车费记录、黑名单使用记录及信息输出功能。

10) 接收紧急按钮信号，并控制设备的操作。

11) 三杆执行机构可存储 10 次三杆转动指令，具有三杆转动到位信号反馈。

12) 有离线独立工作及数据保存能力。在与车站计算机系统通信中断时，自动检票机能保存 50 000 条交易数据及 7 天的设备数据。在通信恢复时，自动检票机能将保存的交易数据及时上传到车站计算机。

13) 在突然掉电时，自动检票机能安全保存最后一笔交易记录及相关信息。

(2) 进站检票。自动检票机有外部感应方式和内部感应方式，进站检票机采用外部感应方式。乘客使用储值卡、单程票和手机钱包进站检票时，将车票靠近进站检票机读写器天线，检票有效时，开启通道阻挡装置（门扇开启或转杆装置释放），乘客显示器提示相关信息，告知乘客进站，自动检票机在卡内写入进站交易记录，且保存卡的交易记录于自动检票机存储介质。若进站通道是双向通道，则进站端检票处理时，左侧检票机的出站检票端暂停服务。

(3) 出站检票。出站检票机采用内、外部感应方式。乘客使用储值卡和手机钱包出站检票时，将车票靠近出站检票机读写天线；乘客使用单程票出站检票时，需将车票投入回收口（由自动检票机读写器及单程票回收装置，分别完成单程票的交易与回收）。当检票有效时，自动检票机的通道阻挡装置开启（门扇开启或转杆装置释放），乘客显示器提示相关信息告知乘客出站，自动检票机通过读写器在卡内写入出站交易记录，并保存卡的交易记录于自动检票机存储介质中。若出站通道是双向通道，则出站检票处理时，左侧自动检票机的进站检票端暂停服务。

（4）无效票处理。在执行进站检票或出站检票的操作时，若检票无效（如卡内金额不足等原因），则自动检票机扇门关闭或转杆装置锁定，乘客显示器提示相关信息，告知乘客去票房或客服中心进行车票分析处理，根据情况发出告警声或警示灯，自动检票机不对无效车票进行写交易处理，只保存无效票记录于自动检票机存储介质中。

（5）紧急按钮。紧急按钮安装在车控室内，当发生紧急情况时，使用该按钮打开所有自动检票机的阻挡装置，可使三杆垂直落下、扇门敞开，紧急疏散乘客，保证乘客无阻碍地离开付费区。目前新线路设计规范要求紧急按钮与消防联动信号结合，一旦发生警报信号可联动控制专用按钮，另外，在没有电力供应的情况下，自动检票机的阻挡装置处于开启状态保证乘客进出。

（6）数据传输。自动检票机通过车站局域网网络连接到车站计算机（SC）系统，上传车票处理交易、寄存器及设备运行状态日志等数据；接收车站计算机（SC）系统或中央计算机（CC）系统下传的命令、票价表、黑名单及其他参数等数据，并对版本控制参数执行自动生效处理；自动检票机具有与时钟服务器同步时钟的功能。

5.1.3 自动检票机工作原理

1. 主要技术指标

自动检票机的主要性能指标有外形尺寸、质量、工作温度、电源、功率消耗、读写车票的响应时间，车票使用条件、票箱容量、网络接口和最大通行量等，自动检票机性能指标，见表 5-1。其中，最重要的性能指标是最大通行量指标（单位：分钟通过率）。最大通行量指标是用于评价自动检票机的综合业务处理性能最直观的指标，它是正常操作的情况下，自动检票机通道在 1min 内最大的通过人数。

表 5-1　　自动检票机性能指标

项目	指标
储值票交易处理速度	每张小于或等于 0.3s
单程票回收处理速度	每张小于或等于 0.5s
黑名单存储容量	≥20 000 条（新增）
票箱容量	≥2 个×750 张
闸门打开速度	≤0.5s（检查车票为有效后）
乘客通过能力（无车票回售）	每分钟大于或等于 60 人
乘客通过能力（有车票回售）	每分钟大于或等于 40 人
与车站计算机的通信接口	RS-422 接口/以太网接口 RJ45，10m/100m
可靠性 MCBF	≥100 000 次
平均修复时间 MTTR	≤30 min

2. 总体架构

自动检票机以主控单元为核心，辅以阻挡装置、车票处理装置、声光提示装置等模块组成。自动检票机架构如图 5-9 所示。

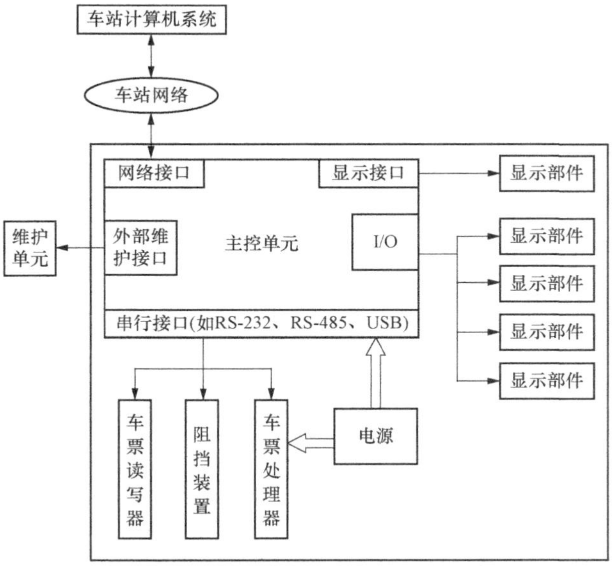

图 5-9 自动检票机架构示意

主控单元一般选用高可靠性、低功耗的通用型嵌入式计算机设备或工业级计算机设备，需要具有丰富的外部接口以支持外部设备的连接，并需要保留部分接口以支持未来设备的扩展。

3. 系统框图

自动检票机的整个系统以主控制器为核心，通过串口和 USB 口控制各个外围设备的运行。主控制器采用工业级计算机，负责控制内部各模块部件协调工作及故障检测，并与车站控制中心通信，自动检票机系统构成框图如图 5-10 所示。

5.1.4 基本处理流程

自动检票机的基本交易类型包括进站和出站两种。两种交易的处理流程类似，都包括车票检查和业务处理两大步骤。通过检查的车票才能进入业务处理，业务处理按业务规则进行。完成对车票的业务处理后，乘客允许通过检票机通道，进入或离开收费区。自动检票机交易处理流程如图 5-11 所示。

自动检票机在待机状态下将监测自身部件的工作状态、搜索车票及等待接收车站计算机系统的指令。当发现车票后，自动检票机将首先检查车票的有效性。

自动检票机对车票的有效检查主要内容如下：

(1) 密钥安全性检查。

(2) 黑名单检查。

(3) 票种合法性检查。

(4) 车票状态检查。

(5) 使用地点检查。

(6) 余值检查。

(7) 有效值（使用时间）检查。

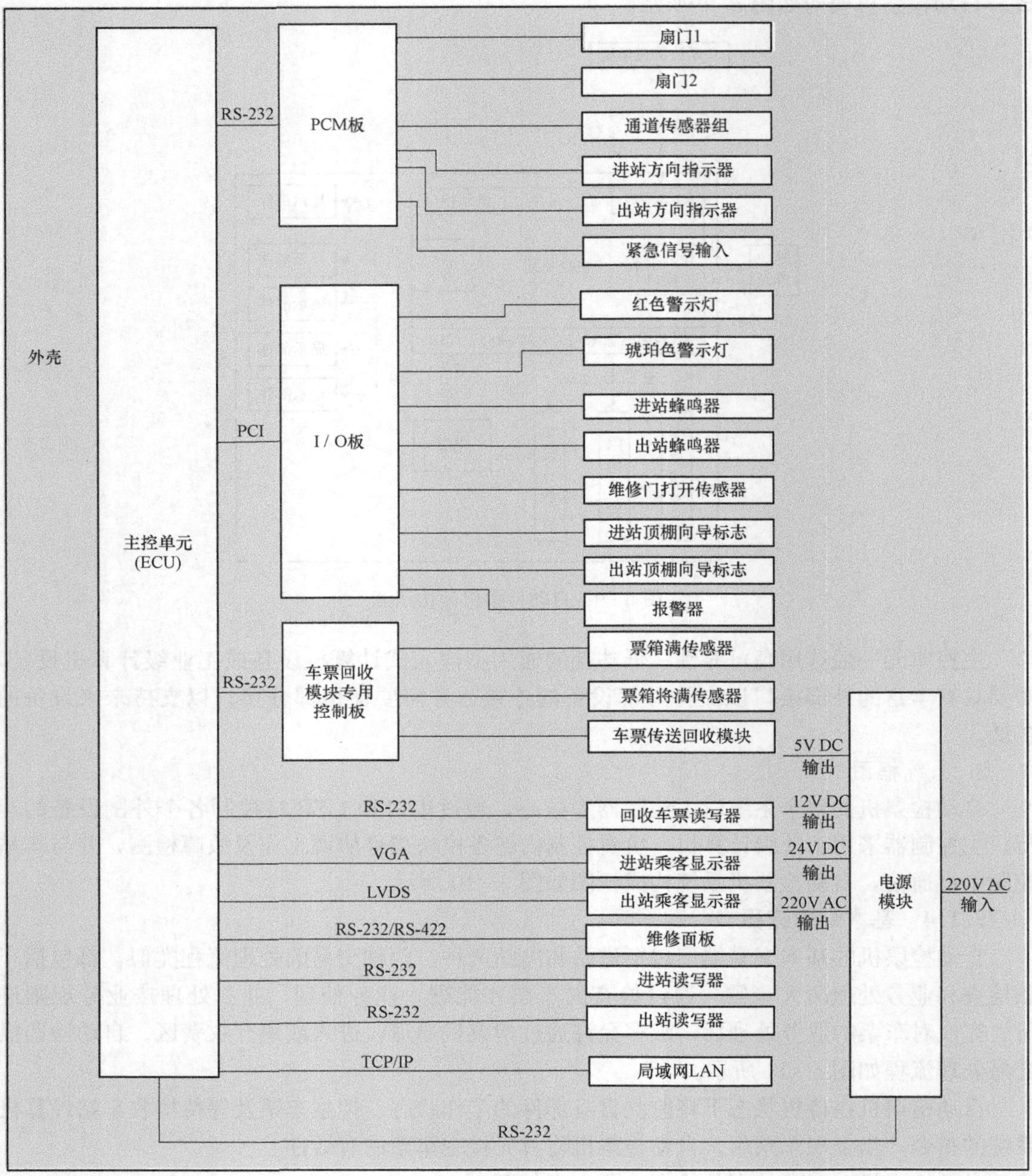

图 5 - 10 自动检票机系统构成框图

（8）进/出站次序检查。

（9）更新信息检查。

对于有效的车票，自动检票机按照业务规则对车票进行相应的交易处理，交易处理的结果将被记录。交易成功后自动检票机将释放阻挡装置，允许乘客通过检票通道。对于出站检票机，可根据设定的参数对指定类型的车票进行回收。

对于无效车票，自动检票机给出提示信息，指导乘客前往车站服务中心或售票房/补票

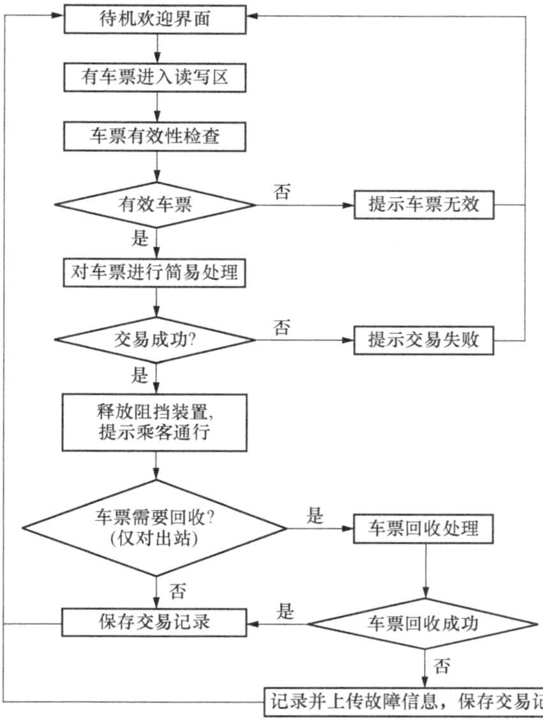

图 5-11 自动检票机交易处理流程

房对车票进行相应的票务处理。

在降级运营模式下，自动检票机根据降级运营的业务规则可忽略进出站次序、有效期(使用时间)、车票余值等内容的检查。

5.1.5 工作模式

自动检票机工作方式主要有运行状态、故障状态、维护状态（测试状态）和关闭状态等。

1. 运行状态

运行状态存在联网运行和单机独立运行两种通信连接运行模式，以及正常运行和降级运行两种运行模式。

(1) 通信连接模式。

1) 联网运行。联网运行是正常的系统工作状态。在这种状态下，自动检票机与车站计算机联网正常运行，自动检票机能完成设备的所有功能，支持 10 种以上的运行模式，能向车站计算机发送自动检票机工作状态及交易数据，车站计算机可向自动检票机发送指令及系统参数。

2) 单机独立运行。单机独立运行是属于自动检票机与车站计算机发生通信故障而采取的降级运行状态。在这种状态下，自动检票机除不能与车站计算机交换数据、接收系统参数及车站计算机不能监控该自动检票机的工作状态外，其他功能均正常执行。由于自动检票机不能与车站计算机系统联网，因此不能通过车站计算机设置自动检票机为紧急状态，但可通过紧急按钮设置自动检票机处于紧急状态。自动检票机将交易记录及日志存放在本机储存器中，其中交易记录至少可存放 5 万条，并可存储不少于 7 天的设备状态信息。当达到设定的最大限度时，自动检票机将根据参数设定，停止服务或删除不重要的数据，并通过乘客显示相应的提示信息，以提醒操作员通过外部数据接口（如 USB 盘等）下载设备运行数据，传送给车站计算机，由车站计算机展开获得数据。

在进行自动检票机软件更新或一些重要参数（如票价表）更新时，车站计算机产生由于网络中断而处于离线运行模式的自动检票机清单，然后由操作员决定这些自动检票机停运或通过外部手工更新后继续离线运行。当网络恢复后，自动检票机自动进行参数同步，自动上传未传送的设备运行数据到车站计算机。

（2）运行模式。

1）正常运行模式。自动检票机在正常运行模式下，导向指示器显示“允许通行”标志，乘客显示器显示正常使用的相关信息，自动检票机可正常处理检票、放行等操作。

乘客持车票进站，进站检票机检验车票有效时，在车票上写入相关进站信息，并对写入的数据进行校验，然后释放通道阻挡装置，让乘客通行；当进站检票机检验车票无效时，锁闭通道阻挡装置，禁止乘客通行，乘客显示器显示相关信息。乘客可持车票到售票处或服务中心进行车票分析，根据不同情况对车票进行相关处理。

乘客持车票出站，出站检票机检验车票有效时，在车票上写入相关进站信息，扣除相应的车费或乘次，并对写入的数据进行校验，然后释放通道阻挡装置，让乘客通行，并根据系统参数设置回收指定单程票；当出站检票机检验车票无效时，锁闭通道阻挡装置，禁止乘客通行，同时乘客显示器显示相关信息，引导乘客到补票亭或服务中心查询车票，根据不同情况对车票进行相关处理。

自动检票机正常运行模式下待机界面见表 5 - 2。

表 5 - 2　　自动检票机正常运行模式下待机界面

闸机类型	进站端 乘客显示器	进站端 导向指示器	进站端 顶棚向导	出站端 乘客显示器	出站端 导向指示器	出站端 顶棚向导
双向闸机 （双向模式）	欢迎光临 Welcome to Metro			请刷卡或插入卡 Please present or insert ticket	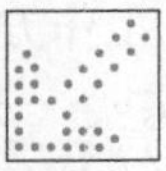	
双向闸机 （进站模式）	欢迎光临 Welcome to Metro			✕ 暂停服务 Out of Service	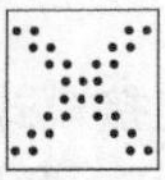	
双向闸机 （出站模式）	✕ 暂停服务 Out of Service	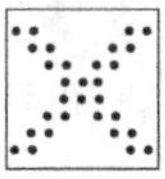		请刷卡或插入卡 Please present or insert ticket	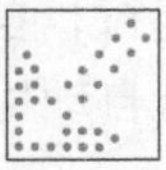	
进闸机	欢迎光临 Welcome to Metro	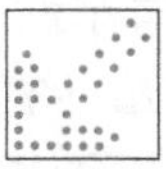		—	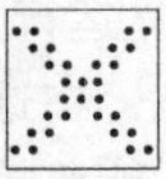	
出闸机	—	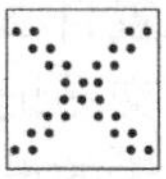		请刷卡或插入卡 Please present or insert ticket	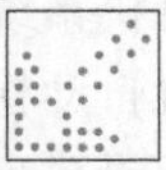	

2）降级运行模式。

a. 列车故障模式。当轨道交通列车出现运营故障，使部分车站暂时中止运营服务时，AFC系统将根据相关规定的要求，设置列车故障模式。

（a）在列车故障模式下：①暂停服务的车站自动检票机不允许乘客再进站；②进入收费区的乘客必须全部中止乘行，离开暂停服务的车站。

（b）设置了该模式的车站，出站检票机根据车票的票种及进站地点进行不同的处理：①对于本站进入的单程票及乘次票不扣除车费或乘次，单程票不回收，并写入此模式的标志信息；②对从本站进入的其他车票不扣任何车费，并写入出站标记和此模式的标志信息；③对从其他车站进站的单程票及乘次票不扣除车费或减去乘次，单程票不回收，并写入此模式的标志信息；④对从其他车站进站的其他类型的车票不扣除车费，写入出站标记和此模式的标志信息。

（c）列车故障模式结束后，所有车站的自动检票机对车票的处理：①若单程票或乘次票具有列车故障模式标志信息，并在系统设置的规定时间段内，允许在任何车站进站使用，乘坐符合票值的车程；出站时，根据本次重新进站的实际车费进行检查，车费不足到补票亭或服务中心进行超程更新处理；②储值票等其他车票按本次重新进站的正常使用进行扣费。

b. 进/出站码免检模式。当车站突发特大客流的特殊条件下，可根据运行需要及相关规定，将AFC系统设置为进/出站码免检运营模式。进/出站码免检运营模式可由车站或中央一级设置。一旦有一个车站使用进站码免检运营模式，则全线网的车站都要实行出站码免检运营模式，以确保乘客能顺利出站。进/出站码免检模式的操作规程如下：

（a）进/出站检票机一定要检验进/出站的车票。

（b）设置为进站码免检模式的车站，乘客进站检票时，进站检票机认为车票上所有记录的交易和编码信息都是有效的，所以，进站检票机都放行，以便让乘客迅速进站，疏散客流。

（c）设置为出站码免检模式的车站，乘客出站检票时，不检验车票上的进/出站码和车票余额、超程和超时，以便让乘客迅速出站，其他检验和操作照常进行，如日期的有效性和单程票回收等；出站检票机对单程票以外的其他车票，按最低票价或次数计费，并对进/出站码进行设置。AFC系统的车站终端设置，包括进/出站检票机，都是根据远期高峰时刻客流预留，按中期高峰时刻客流配置。因此，应对特大客流来讲，AFC系统有充分准备和宽余量。对AFC系统的出站检票机来讲，在设备配置的数量上，考虑到车站节假日客流和客流“进站离散性、出站集中性”等特点；在出站的客流量上，由于受到列车的乘客容量和运能等条件的限制，所以，出站的车站客流量始终是处于可控状态。因此，从某种程度上讲，出站码免检模式是配合进站码免检模式而设置的。

由于对AFC系统设置“进/出站码”的真正意图不清楚，不少人认为“进/出站码”免检是“进/出站”免检的“笔误”。因此，想当然地下定义：“进/出站”免检运营模式，即乘客不通过进/出站检票机或进/出站检票机处于常开状态，让乘客直接进/出收费区。所谓的“进/出站”免检运营模式，对AFC系统造成的后果是相当严重的，试想一下：当AFC系统运营在“进/出站”免检模式时，乘客进/出站时，进/出站检票机处于无交易数据或不工作状态，AFC系统需要采集的乘客进/出站的交易数据从何而来？进/出站检票机也是AFC系统调控车站客流、保证AFC系统安全的设备，所以，在AFC系统中，使用“进/出站”免检运营模式，等同于AFC系统把自己推上绝境。

在实际使用中，“进/出站码”免检运营模式所产生的负面作用很大，所以做决策时，要慎之又慎。AFC系统的“行李票”具有进站码免检模式的类似功效。因此，借助于“行李票”，加强车站的组织管理可避免采用“进/出站”免检运营模式。

c. 日期免检模式。由于特殊原因，导致部分车票过期，根据运行工作的需要及相关规定，要求将系统设置为日期免检模式。

在“日期免检模式”下，自动检票机不进行日期判断，允许过期的车票继续使用。但是仍检查车票的其他信息，如进/出站代码、车票余值等，所有车票按正常方式进行扣费处理。

d. 时间免检模式。由于特殊原因，如引起列车延误、时钟错误导致大量持票乘客超时无法出站的情况，可根据相关规定的要求，将系统设置为时间免检模式。

在“时间免检模式”情况下，出站检票机对所有车票将不检查车票上的进站时间，但是仍然检查车票的票值、进/出站码、日期等，所有的车票按正常方式进行扣费处理。

e. 超程免检模式。如果某个车站因特殊情况而临时关闭，导致列车只能越过该车站后才停车，在这种情况下，根据相关规定的要求，系统将把该前方站设置为超程免检模式。

在设置了“超程免检模式”的情况下，出站检票机不检查单程票的票值，但检查车票的其他信息，如车票的进/出站代码、时间、日期等，并且回收所有的单程票，对于储值票则扣除到该临时关闭的车资，乘次票扣减一个乘次。

3）紧急放行模式。当车站发生火灾等紧急情况时，将系统设置为紧急放行模式。

在紧急放行模式下，所有自动检票机阻挡装置被释放打开，固定式三杆可双向自由转动，落杆式三杆自动落杆，门式检票机阻挡门被敞开，禁止检票处理，乘客不需要使用车票就可通过自动检票机迅速离开车站。

在紧急放行模式下，自动检票机乘客显示屏显示“紧急模式”，顶部警示灯闪亮。面向付费区的导向指示器显示“允许通过”标志，面向非付费区的导向指示器显示“禁止通行”标志，表示付费区乘客不需检票即可出站，而拒绝非付费区乘客进站。

系统下达紧急放行模式命令可有以下3种方法：

a. 中央AFC系统下达命令到车站计算机系统，再由车站计算机系统向自动检票机下达命令。

b. 车站计算机系统直接下达命令。

c. 通过拨动安装在车站控制室内的紧急按钮下达命令。

自动检票机单机也可安置紧急放行模式，主要用于自动检票机与车站计算机和紧急按钮发生通道通信故障时使用。

2. 故障状态

自动检票机各模块具备在运行过程中自动探测自身故障，并报告给设备主控计算机的功能。

当自动检票机检测到故障发生时，向车站计算机报告故障信息，同时根据故障等级将设备关闭或降低服务等级继续服务。

处在故障状态下的进/出站检票机，由主控计算机根据故障级别，而采取不同的处理策略，通常包括以下策略：

（1）第一种为小故障，自动检票机采取降级处理策略，例如，出站检票机在单程票处理装置故障时，可自动切换到只使用储值票的故障降级模式运行，在这种情况下，当故障消除后，设备可恢复到正常工作状态。

（2）第二种为大故障，自动检票机采取停止运行处理策略，并在乘客显示器上显示“暂停服务”等故障信息，导向指示转为“禁止通行”标志，以提示乘客不能通过，同时把故障状态上传到车站计算机。

3. 维护状态（测试状态）

通过维护键盘或移动维护终端，车站维护及管理人员可将自动检票机设置为维护模式，对自动检票机进行设备测试及维护。

在维护状态下，维护人员可通过维护键盘输入指令对各部位的工作状态进行测试、数据查询、模块动作测试、参数配置等操作，乘客显示屏在维护状态下可显示各种测试代码和相关信息。

在维护状态下，自动检票机不对乘客服务，导向指示器转为“禁止通行”标志，以提示乘客不能通行，同时把相关信息及处理结果上传到车站计算机，乘客显示器显示“暂停服务”信息及相关的维修信息，同时不处理车票；但维修员在特定命令下可使用测试票对设备整体性能进行测试，此时对测试票产生的交易不进行上传，但记录相应的日志。

在维护状态下，维修人员将通过维修面板，对设备进行其权限规定的相应维修操作，权限由参数指定，但是没有权限对设备上的已有交易数据进行修改。

维护人员及管理人员签退后，设备自动退出维修模式。

自动检票机在维护模式下暂停服务的待机界面，见表 5-3。

表 5-3　自动检票机在维护模式下暂停服务的待机界面

闸机类型	进站端乘客显示器	进站端导向指示器	进站端顶棚向导	出站端乘客显示器	出站端导向指示器	出站端顶棚向导
双向闸机	暂停服务 Out of Service			暂停服务 Out of Service		
进闸机	暂停服务 Out of Service			—		
出闸机	—	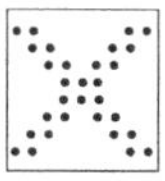		暂停服务 Out of Service		

4. 关闭状态

当天运行结束后，车站计算机系统直接下达命令，将系统设置为关闭状态。

在关闭状态下，自动检票机退出运行状态，禁止检票处理，乘客显示器黑屏，通道阻挡装置关闭，导向指示器显示“禁止通行”标志。但自动检票机仍保持与车站计算机通信连接状态，车站计算机仍可监控处于关闭状态的自动检票机。

自动检票机在关闭模式下的待机服务界面见表 5 - 4。

表 5 - 4　自动检票机在关闭模式下的待机服务界面

闸机类型	进站端 乘客显示器	进站端 导向指示器	进站端 顶棚向导	出站端 乘客显示器	出站端 导向指示器	出站端 顶棚向导
双向闸机	黑屏	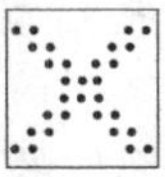	黑屏	黑屏	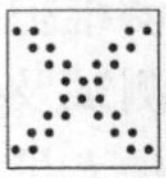	黑屏
进闸机	黑屏	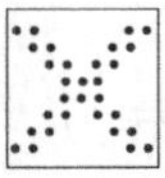	黑屏	—	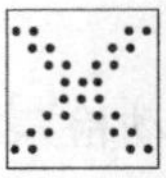	黑屏
出闸机	—	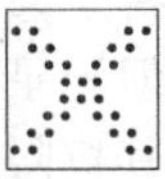	黑屏	黑屏	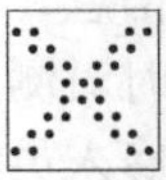	黑屏

5.1.6　数据管理

自动检票机内保存的数据包括设备状态数据、交易数据、本机统计数据、参考文件等。

设备状态数据、交易数据和本机统计数据均由自动检票机生成。自动检票机定时检查各部分的工作情况，在设备状态或部件工作状态发生变化时，自动检票机记录状态信息，并将相关信息实时上传到车站计算机系统。当有交易发生时，自动检票机将记录交易的结果，包括交易类型、时间、车票信息、交易金额及交易结果等，并实时刷新本机的统计数据。

为提高通信效率，交易数据及本机统计数据通常不使用实时上传方式，而是根据参数文件的设置定时或定量上传，车站计算机也可主动索取自动检票机的交易数据及本机统计数据。

参数文件来自车站计算机系统。自动检票机对每种参数文件允许存在两个版本，即当前参数和将来参数，并对参数文件的版本号和生效时间进行管理。自动检票机定时检查参数文件的生效时间，当到达将来参数的生效时间时，自动检票机可把将来参数自动切换成当前参数。当发生参数文件更新时，自动检票机将进行版本号检查，只有新下发的参数文件的版本号高于将来参数版本号时，将来参数文件才能被更新。

5.1.7　人机接口和操作界面

自动检票机人机接口包括两类，一类是乘客显示器，用于显示本机工作状态、车票信息和通行信息等内容；另一类包括通道指示和声光提示，用于提示通行状态和报警信息等。

乘客显示器应可显示中英文信息，待机状态下显示本机工作状态，如“请使用车票”“暂停服务”“关闭”等状态信息。当发生交易时，应显示车票处理信息（如车票余值）、交易状态及通信提示等内容。乘客显示器通常安装在自动检票机顶部两侧的位置，方便乘客查看使用。

通道导向显示器通常安装在自动检票机侧面的正中位置，采用红、绿两色的高亮度LED指示灯，绿色箭头符号表示本通道允许通行，红色禁止符号（如“⊖”或“×”）表示该通道禁止通行。通道导向指示可根据自动检票机的工作状态进行切换。

声光报警装置通常安装在自动检票机的顶部，用于提示特殊车票（如员工票）的使用、强行通过报警、非法车票使用报警和紧急状态报警等。

5.1.8 外部接口

自动检票机的外部接口主要包括车站计算机系统接口、紧急按钮信号接口和外部维护接口。

自动检票机通过车站网络与车站计算机系统进行数据交换，物理接口的形式由车站网络的形式决定。紧急按钮信号接口通常采用无源触点方式，用于接收紧急按钮信号以便进入或退出紧急状态。外部维护接口用于连接外部维护设备（如维护键盘），可使用标准键盘口、RS-232接口、USB接口或其他专用的接口方式。

5.2 模块构成及功能

自动检票机一般包括乘客显示器、导向指示灯、声光报警装置、读写器及天线、通道阻挡装置（转杆式检票机采用转杆装置，门式检票机采用拍打式扇门或剪式扇门装置）、乘客通行传感器（适应门式检票机）、主控单元（工业级计算机）、车票传送装置（出站检票机）、车票回收装置（出站检票机）、维修键盘、移动维护终端接口、电路控制单元、电源模块（含UPS或电池）机身和支持软件等零部件。

5.2.1 外观与结构

自动检票机外观结构如图5-12所示。

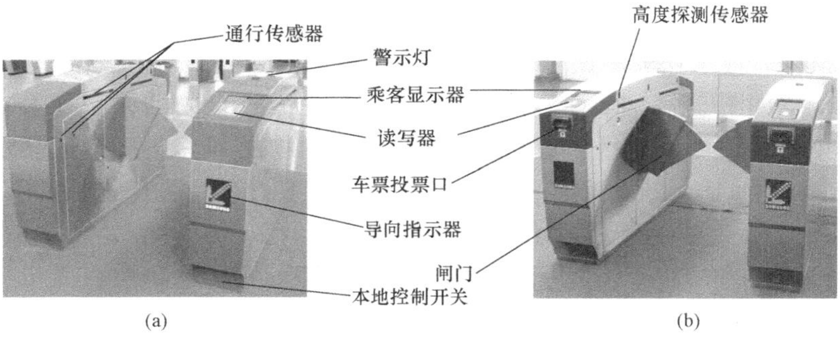

图5-12 自动检票机外观结构

（a）进站端；（b）出站端

自动检票机整机内部采用模块化设计，结构清晰，自动检票机内部结构布局如图5-13所示。

5.2.2 主控单元

主控单元是自动检票机内部的中央控制器，是自动检票机的核心部分，符合工业级应用标准，有良好的抗电磁干扰性能，负责控制和协调其他各模块的工作，保存交易数据，同时与车站计算机通信，上传交易数据、状态信息，接收参数和控制命令等。

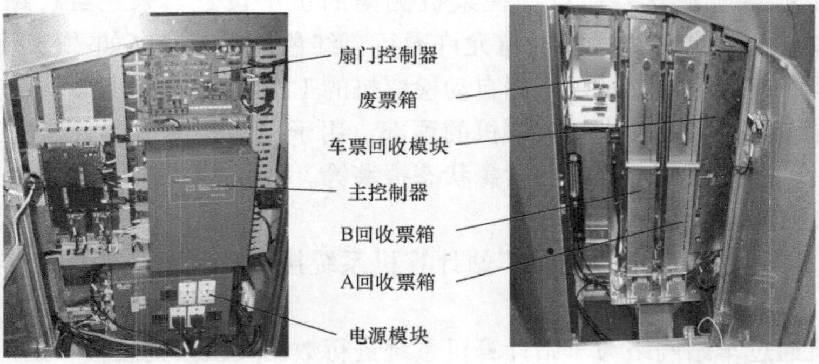

图 5-13 自动检票机内部结构布局

(a) 进站端；(b) 出站端

主控单元采用 32 位工业级微处理器，主频在 600M 以上，保证整机 24h 不间断稳定运行，通过设备内配置的不间断电源，在失电的情况下能保证完成最后一次交易过程。

安装在设备主控单元内的设备控制软件可由线路计算机（LC）或车站计算机（SC）通过网络下载或便携式设备下载。主控单元配置 40GB 硬盘，能至少保存 7 天的原始交易数据和设备数据，并能保存及处理至少 40 000 条黑名单及 20 组黑名单记录；可在与 LC 或 SC 通信中断情况下单机运行。

主控单元的程序代码保存在闪存中，非易失性存储器保存交易数据、寄存器数据、系统参数等。具备电源故障数据保护功能以避免在电源故障时损坏数据。

5.2.3 显示器模块

自动检票机的显示模块包括乘客显示器和导向指示器。

1. 乘客显示器

自动检票机乘客显示器安装在通道右手侧检票机的顶盖上，方便乘客观察显示内容，乘客显示器安装位置如图 5-14 所示。乘客显示器安装位置不能妨碍乘客及其携带行李的通过，应避免乘客或其携带的物品与其碰撞造成显示器损坏的情况。双向检票机、宽通道检票机在两端应分别装有一个同样的乘客显示器供双方向的乘客查看。

图 5-14 乘客显示器安装位置

作为自动检票机工作状态的显示和乘客人机界面的提示窗口，乘客显示器实时反映设备运营状态和处理的车票信息。乘客显示器应能显示中、英文文字，数字、特殊字符和图像，所显示的信息应同时以中、英文显示。显示的所有图形及文字信息，可通过 SC 下载和更新，显示信息保持 10s，或者在下一个乘客使用时刷新。

自动检票机应能依据其所处的模式及状态在乘客显示器动态显示相应的、可编程的信息。正常工作模式下，乘客显示器能显示设备的状态信息及车票使用的相关信息（包括乘客提示信息）。在维护模式下，乘客显示器能显示设备的故障诊断信息。当自动检票机发生故障时，相应的故障代码也显示在乘客显示屏中。

闸机正常且无刷卡信息时，显示欢迎或提示刷卡界面；乘客刷卡时显示该卡是否有效，对于有效的车票应显示车票有效允许进站或出站的指示信息。同时，在出站检票机应显示车票的余值、剩余乘次、有效期及优惠积分、允许通过等信息；对于无效的车票应显示车票无效及需要查询、需补票、需充值等指示信息。在自动检票机处于故障状态或暂停服务的模式时，乘客显示器应显示相应的状态或模式信息。

（1）进站检票机乘客显示器提示信息。常见进站检票机乘客显示器提示信息见表 5-5。

表 5-5　　常见进站检票机乘客显示器提示信息

情况	描述	显示界面	说明（英文略）
验票通过	验票正常，允许进闸，适用于进闸通道	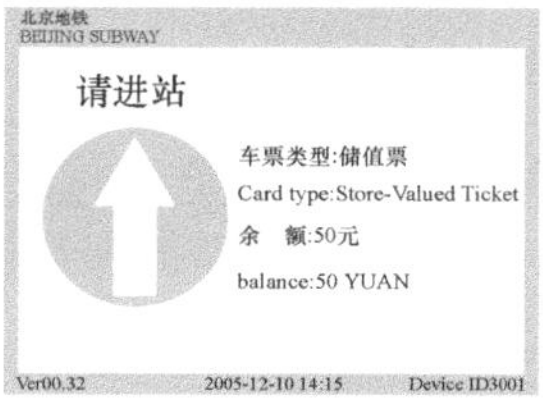	“请进站”加票种、余额，显示前进箭头
逆行方向禁止	仅适用于双向闸机		禁止符号（×）＋“本方向暂停使用”
等待乘客进入	进闸等待状态		“请出示车票”
故障	设备无法正常运行时		禁止符号（×）＋“故障待修”
停止服务	设备运营结束		禁止符号（×）＋“停止服务”

续表

情况	描述	显示界面	说明（英文略）
车票异常	验票失败		禁止符号（×）＋“无效票，请与工作人员联系”

（2）出站检票机乘客显示器提示信息。常见出站检票机通道提示信息见表 5 - 6。

表 5 - 6　　常见出站检票机通道提示信息

情况	描述	显示界面	说明（英文略）
验票通过	验票正常，允许出闸，适用于出闸通道	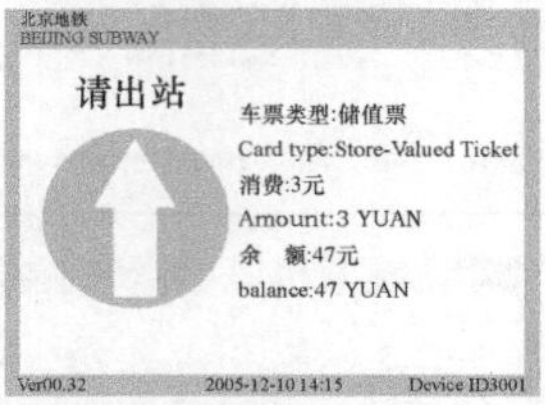	“请出站”加票种、车费余额，显示前进箭头，并且每次开始读取新的车票时切换背景颜色
逆行方向禁止	仅适用于双向闸机		禁止符号（×）＋“本方向暂停使用”
等待乘客出站	出闸等待状态		“请刷卡出站，单程票投入回收口”
故障	设备无法正常运行时		禁止符号（×）＋“故障待修”
停止服务	设备运营结束		禁止符号（×）＋“停止服务”

续表

情况	描述	显示界面	说明（英文略）
单程票异常	单程票验票失败		禁止符号（×）＋“请取回无效车票，与工作人员联系”
储值票车票异常	储值票验票失败		禁止符号（×）＋“无效票，请与工作人员联系”
储值票补票提示	储值票余额不足		禁止符号（×）＋“余额不足，请充值”

2. 导向指示器

自动检票机导向指示器功能是显示自动检票机通道是否可以通行，来引导乘客进出站。

自动检票机导向指示器分别安装在自动检票机两端的前面板上，用于指示乘客通行方向，以及为远距离乘客指示自动检票机是否可以使用。其显示标志在至少 30m 的距离外能明显辨识。

自动检票机导向指示器的信息采用国际通用的标志显示，能至少显示“通行”及“禁止通行”两种信息，且两种信息标志不能同时显示。通常，绿色箭头表示此通道“允许通行”，红色“×”或“⊖”符号表示此通道“禁止通行”。

导向指示器显示图形如图 5－15 所示。

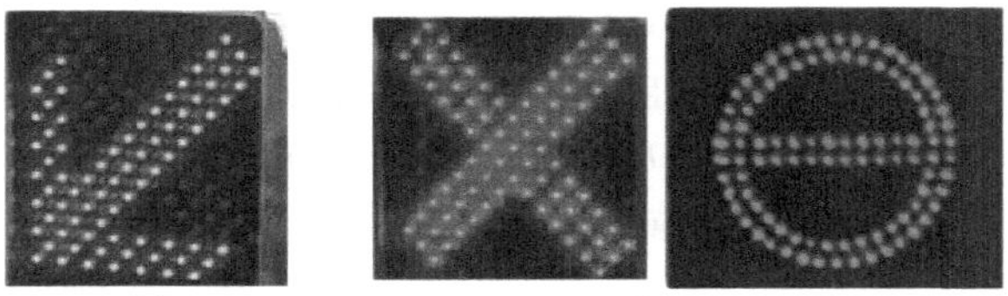

(a) (b)

图 5－15 导向指示器显示图形

（a）允许通行；（b）禁止通行

5.2.4 警示灯与蜂鸣器

1. 警示灯

警示灯安装于自动检票机通道右手侧的顶部，给乘客和工作人员传达自动检票机状态信

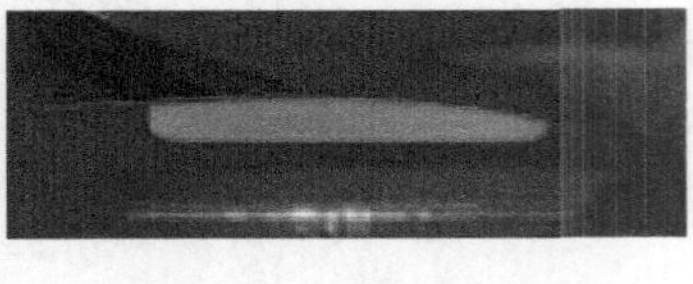

图 5-16 警示灯示意

息，警示灯示意如图 5-16 所示。

警示灯可通过红色、琥珀色、闪烁及非闪烁等显示方式单独或组合使用显示不同车票类型，并且可根据参数设定来更改。

绿色警示灯表示正常，并可通过。

红色警示灯表示“无效车票”：进站检票机有 1 个，安装在进站端；出站检票机有 1 个，安装在出站端；双向检票机有 2 个，分别安装在进站端和出站端。

黄色警示灯表示“优惠车票”：出站检票机没有；进站检票机和双向检票机有 1 个，安装在进站端。

2. 蜂鸣器

蜂鸣器安装在自动检票机内部，当有乘客非法闯闸或操作员非法操作时发出报警声，蜂鸣器外形如图 5-17 所示。

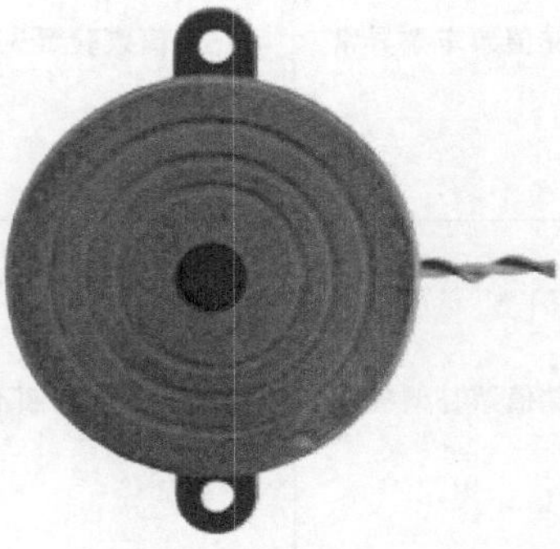

图 5-17 蜂鸣器外形

蜂鸣器具有多种不同的警示声音模式，如短促单声、短促双声、长声、短促多声等。音量在自动检票机外部达到 60～80dB，音量可调，警示声音时间及频率可通过参数设置。每个通道有两个蜂鸣器，一个用于进站方向，另一个用于出站方向。在乘客使用黑名单车票时发出警示声音。

蜂鸣器主要技术参数见表 5-7。

表 5-7 蜂鸣器主要技术指标

项目	指标	项目	指标
额定电压	+12V DC	音量（max）	100dB（max）
消耗电流	18mA	音调频率	2.8kHz

警示灯和蜂鸣器组合可显示不同车票类型，并且可根据参数设定来更改。

5.2.5 读写器与天线

车票读写器模块由射频（radio frequenc，RF）模块、车票安全认证（security access module，SAM）模块、天线等构成。读写器外形如图 5-18 所示。自动检票机的读写器可分为储值票读写器和单程票读写器（两种读写器都可互换），差异只是单程票读写器缺少（储值票）SIM 卡。

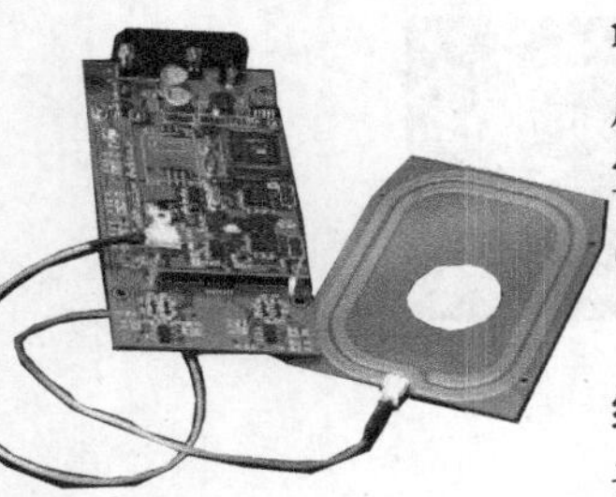

图 5-18 读写器外形

进站检票机及出站检票机都装有一个储值票读写器及天线，另外出站检票机传输装置中还装有一个小天线的单程票读写器，用以完成单程票回收时的读写操作；双向检票机具有进站和出站的所有读写器。

1. 功能描述

车票读写器中 RF 模块内的 CPU 对 SAM 板进行控制，天线与 RF 模块连接器相连接。车票读写器通过刷卡区的天线对乘客所持车票进行安全认证、读写等操作。

读写器天线负责储值票和单程票中的数据通信和能量传输，将车票中数据通过读写器上传到工控机（读卡过程），由工控机对车票中数据进行判断后，把判断结果下发给读写器，由读写器通过天线对车票中数据信息进行修改（写卡过程）。

2. 性能指标

读写器性能指标见表 5-8。

表 5-8　　读写器性能指标

项目	指标	描述
CPU	8 位高速处理器	程序内存：128kb Flash
主机通信方式	RS-232 或 RS-422	115 200bit/s
工作频率	13.56MHz	符合 ISO 14443 A/B
副载波频率	847.5kHz	符合 ISO 14443 A/B
RF 通信速度	106kbit/s	符合 ISO 14443 A/B
读卡距离	0～100mm	根据天线的安装及尺寸有所不同
输入电压	5～12V DC	—
SAM	ISO 7816，T=0	安装四个模拟插座 SIM socket
工作温度	−20～70℃	

3. 模块组成

（1）RF 模块。RF 模块内置有 8 位 CPU，与主机之间采用 RS-422 或 RS-232 方式进行通信，并负责与 RF 卡之间的相互通信。与带有电源及 SAM 插座的 SAM 模块相连接，获得电源供应，并对 SAM 进行控制。将天线连接在 RF 模块内的连接器上，向卡片供应电源，执行数据通信。车票 RF 模块如图 5-19 所示。

（2）天线。天线用来向卡片供应电源，并方便相互之间的通信。读写器天线将车票中数据通过读写器上传到工控机（读卡过程），由工控机对车票中数据进行判断后，把判断结果下发给读写器，由读写器通过天线对车票中数据信息进行修改（写卡过程）。车票读写器天线如图 5-20 所示。

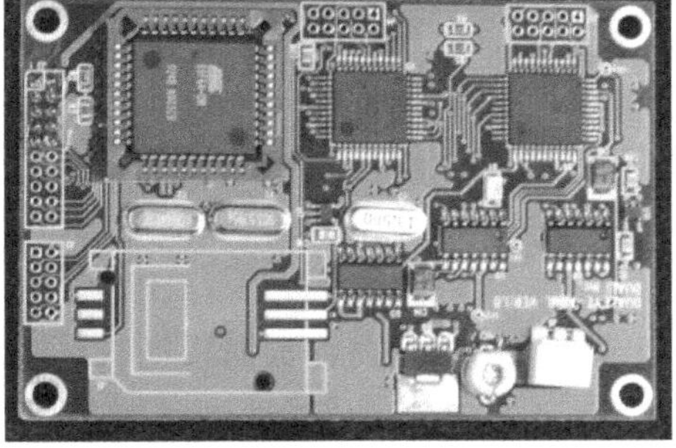

图 5-19　车票 RF 模块

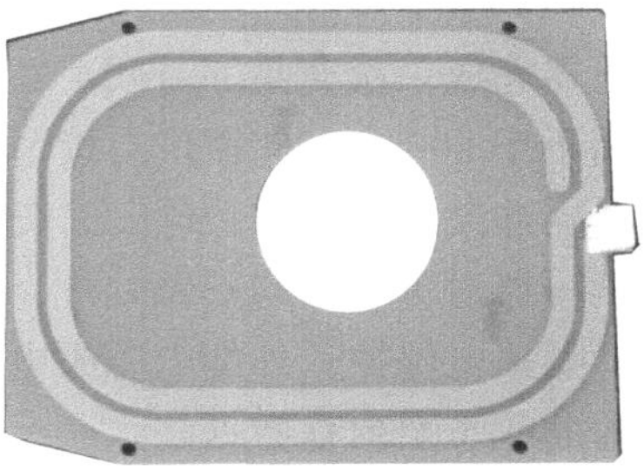

图 5-20　车票读写器天线

（3）SAM 板。SAM 板安装有可以与主机之间进行 RS-422 或 RS-232 通信的线路及电源电路，为四个 SAM 装有 SIM socket。SAM 板如图 5-21 所示。

读写器与车票之间采用双方握手的半双工通信方式，以 13.56MHz 的高频电磁波作为

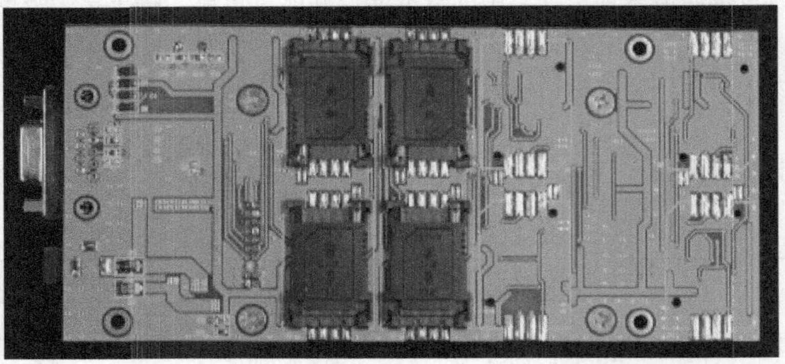

图 5-21 SAM 板

媒介，采用 106kbit/s 的传输速率进行通信。非接触式 IC 卡在一定距离范围靠近读写器天线表面，通过无线电波的传递来完成数据的读写操作。车票本身是无源的，当读写器对车票进行读写操作时，读写器发出的信号由两部分叠加组成：一部分是电源信号，该信号被车票线圈接收后，通过车票内相关电路产生一个瞬间能量来供给芯片工作；另一部分则是指令和数据信号，指挥芯片完成数据的读取、修改、储存等，并将信号返回给读写器。

读写器向车票发送指令应包括以下几种：

1）询卡指令（reqall/reqa）：为车票与读写器之间建立通信的指令，只有询卡指令获得通过，才可执行其他指令。

2）读指令（read）：为读车票中的信息。

3）写指令（write）：为往车票中写信息，应分两次完成，先发一个写命令和地址，车票返回确认正确后，方可发待写入的数据。

4）认证指令（auth）：车票与读写器之间采用三重认证。其认证方法应先由读写器向车票发出认证指令，车票返回一个随机数 Rb，读写器对 Rb 运算后产生随机数 Ra，送入单程票。IC 卡运算恢复正确的 Rb，完成 IC 对读写器的认证。同时，IC 卡单程票对 Ra 运算产生另一随机数 Rb，返回读写器，读写器从中恢复出正确的 Ra，完成读写器对单程票的认证。

读写器读写距离：车票与读写器天线之间平行的垂直距离大于 60mm，对于内置传送装置的读票距离大于 20mm。在此区间，车票与读写器之间能进行数据交换和达成各项操作。

读写器完成一次交易的时间：在规定的数据格式下，单程票与读写器之间完成一次交易所需时间小于 200ms，储值票与读写器之间完成一次交易所需时间小于 300ms。

读写器冲突处理机制：同一时刻内，在读写器感应区内同时出现两张（或以上）的单程票时，读写器对单程票均不做处理。

读写器掉电保护：外部电源失电时，不破坏或改变读写器的内存数据。复电时，能恢复到掉电前的状态及内存数据。

5.2.6 传感器

自动检票机安装有足够的传感器对乘客的通行进行监控，传感器安装位置示意如图 5-22所示。

1. 通行传感器

通行传感器监控乘客通过自动检票机的整个过程，以及监测通过自动检票机的人数，一般

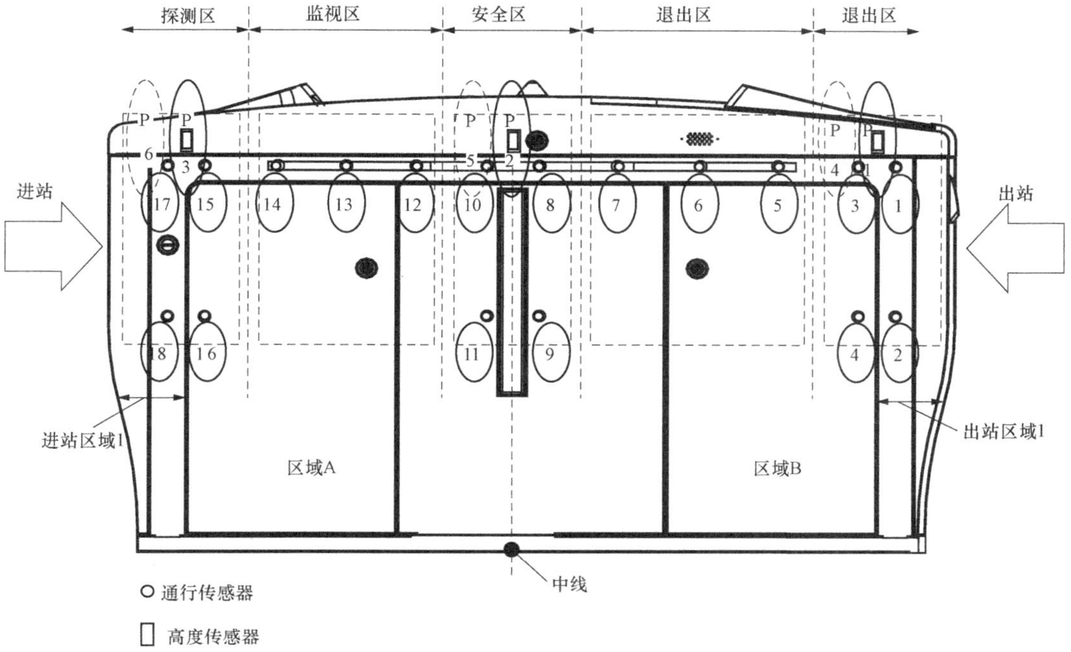

图 5-22 传感器安装位置示意

为穿过型传感器。穿过型传感器成对出现，一端发射红外线，一端接收。当有物体阻挡红外线时，接收端就可判断有乘客进入，顾客探测通过遮挡穿过型传感器发出的红外线来实现。

通行传感器在各区域功能如下：

(1) 探测区。探测区安装有穿过型传感器，探测是否有人进入通道。

在常规模式下乘客需要在通道外刷卡，如果有人闯进此区域将报警。

在大客流模式下，允许乘客在此区域内刷卡。

(2) 监视区。监视区安装有穿过型传感器，用于探测有人进入监视区没有持有有效票或企图尾随他人通过的情况。

在尾随者和前面乘客超过 20cm 及以上间距时，可判断为尾随，报警。在尾随者和前面乘客超过 60cm 及以上间距时，第一人通过后闸门可及时关闭并报警。在尾随者和前者紧贴通过时，当两人体厚度超过 50cm（参数设置）时判断为紧贴尾随，报警。

不足 1200mm 的儿童可通过此区域而不报警，并且闸门将打开。

(3) 安全区。门扇两侧安装的穿过型传感器定义了一个安全区，如果有人进入这个区域而此时闸门处在打开的状态，闸门将不关闭，以保证不夹碰乘客，乘客依然不离开此区域在一定时间内将报警；如果闸门处在关闭状态，探测出有人在这个区域将直接报警。

(4) 退出区。本区域安装有穿过型传感器，用于探测有人已走出通道的过程，另外当反向有人闯入将报警。

2. 高度传感器

在自动检票机 1.2m 高度安装有反射型传感器，用于检测通过的乘客是否是身高为 1.2m 以下的儿童，自动检票机高度传感器示意如图 5-23 所示。反射型传感器同时具有发射端和接收端，发射水平于地面的射线，可覆盖整个通道区域，发射的射线遇到物体反射回来，接收端接收到反射信号。当有 1.2m 以下儿童通过时不会遮挡射线，闸门打开，儿童可免票安全通过。此时，琥珀色警示灯将闪烁，提示站务人员注意，防止其他乘客欺诈行为。

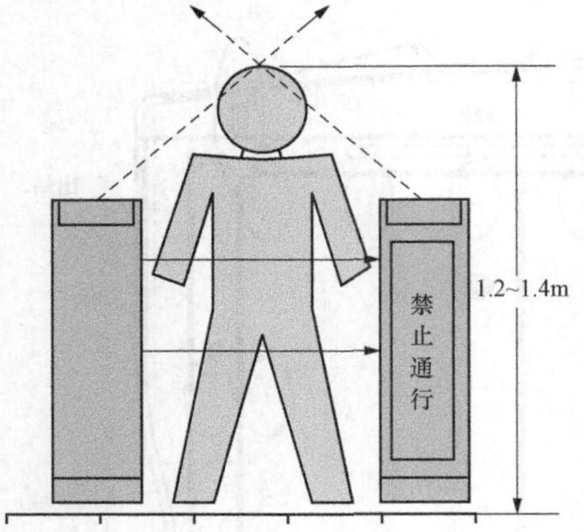

图 5-23 自动检票机高度传感器示意

5.2.7 阻挡装置模块

阻挡装置是自动检票机的核心模块，对通行人员的通行行为进行识别、管理、约束、警告，涉及过闸行人的检测、计算机识别、机电控制等技术。作为整个系统主要面对乘客的核心部件，其实用性、安全性、可维护性等方面直接影响了运营服务水平、运营成本等方面。

1. 阻挡装置分类

自动检票机的阻挡装置有很多种，目前国内最常见的为转杆式和门式。转杆式主要采用三杆式装置，门式按门的开启方式不同，分为剪式扇门和拍打式扇门两种。

（1）三杆式装置。三杆式装置由旋转三杆机构和控制板组成，旋转三杆机构由可转动圆盘、三根不锈钢管臂和若干电磁铁控制开关组成，三根不锈钢管臂分别呈 120°排列。旋转三杆机构在控制部件的控制下可顺时针或逆时针转动。在完成一次交易后，主控单元发送命令控制电磁铁释放，允许三杆旋转一次，可让一个乘客通过。

三杆式装置的执行原理是利用三杆绕转盘转轴转动来实现，因此，三杆式装置设计为可双向转动功能，同时在机械上设计双向制约控制机构，从而确保三杆式装置在模块化要求的基础上实现其功能的通用化要求。

三杆转动至两杆同时处于上方位时，其二杆夹角空间的中间跨度设置为标准男性成人臂部厚度的 1.5～2 倍，因此乘客在通过三杆时，前后杆之间的运行对乘客不会产生夹击攻势，从而充分保证乘客的人身安全不受伤害。

三杆式装置具有转动状态反馈信号，能存储最近 10 次转动信号，并可通过数据接口读出相关信息。

三杆式闸机结构简捷、识别率高，但通行速度慢，紧急情况下，人员快速疏散是其应用发展的“瓶颈”

（2）门式装置。门式检票机可使乘客无障碍通行，速度较快、方便灵活，便于携带大量行李的乘客通过；当车站发生紧急情况时，有利于乘客的疏散。

自动检票机一个通道通常由两个闸门（扇门）组成，一个为主闸门，另一个为副闸门。两个闸门都同时受一个控制模块（PCM）控制，闸门控制方式示意如图 5-24 所示。

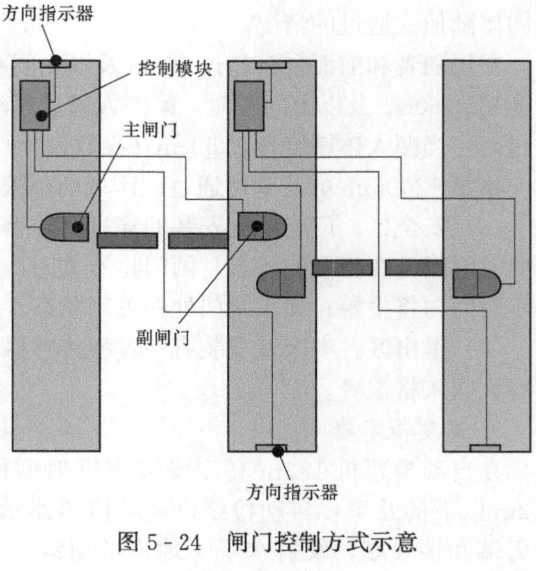

图 5-24 闸门控制方式示意

2. 闸门设计原则

本书以剪式扇门检票机的闸门模块为例，介绍阻挡装置。闸门的设计应满足以下原则：

(1) 闸门的设计应能保证持有效车票的乘客通过通道而不会给所有乘客造成伤害或不便。

(2) 闸门的开关速度和动作方式应满足通行控制的要求，保证乘客持有效车票能以正常行走速度无停滞的通过，也应迅速地、无伤害地阻挡住试图非法通过的乘客。

(3) 闸门主副扇门的移动应是同步的，并应保证平稳不产生振动。

(4) 闸门打开时，扇门能完全收缩到箱体内。

3. 闸门模块组成

剪式扇门检票机开闭方式采用伸缩式剪式速通门结构，扇形门结构如图 5 - 25 所示。其机械部分能保证每天超过 10 000 次的使用及超过 500 万次的使用寿命。

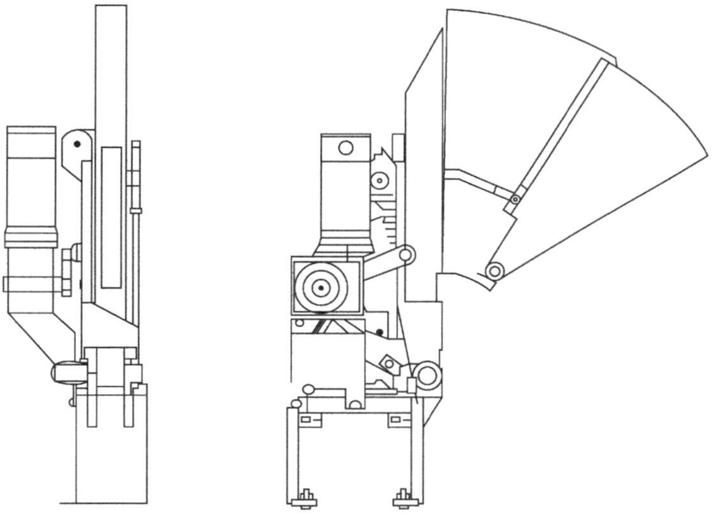

图 5 - 25 扇形门结构

整个闸门模块主要由箱体、扇门、控制模块和控制接口等部分组成。根据通道宽度的不同，闸门分为常规通道闸门和宽通道闸门，其在模块的组成、控制结构、工作模式等方面均相同，只是在技术规格上有所区别。

(1) 控制模块。闸门控制模块外形，如图 5 - 26 所示。其功能包括以下几点：

1) 主板功能。

2) 初始化配置门体部件。

3) 选择模式。

4) 传感器接口。

5) 控制扇门打开。

6) 防止非法进入。

7) 组件测试。

图 5 - 26 闸门控制模块外形

控制模块与 16 对传感器、2 个指示灯、1 个报警器及扇门相连接，能接收紧急模式信号。

（2）扇门。扇门通常成对出现，位于通道的中间，以限制人员进出。每个扇门由一个能自由伸缩的三角形门和一个固定三角形门共同组成，扇门外观如图 5-27 所示。每个三角形门都由柔韧工程塑料和内置钢板组成，门的边缘部分采用软性塑胶材料生产，从而能最大限度地减小强行通过时对人体的损害，其内部的钢板可保证扇门有效地快速关闭和阻止强行推动扇门。扇门由可吸收能量的软性材料制成，当受到冲击能发生变形，并自动恢复到原来状态。

扇门运动时，直流电机通过变速箱减速来增加力矩，减速箱带动连杆运动，连杆带动机械臂运动，机械臂的顶端装有一个电磁阀，电磁阀通电后吸引扇门，使扇门跟着机械臂一起运动。扇门的操作时间大概为 0.4s，目的是尽量缩短乘客在自动检票机的通过时间。扇门内部结构如图 5-28 所示。

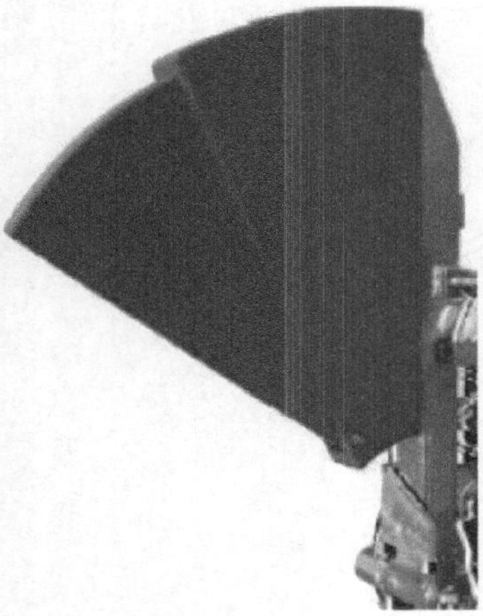

图 5-27　扇门外观

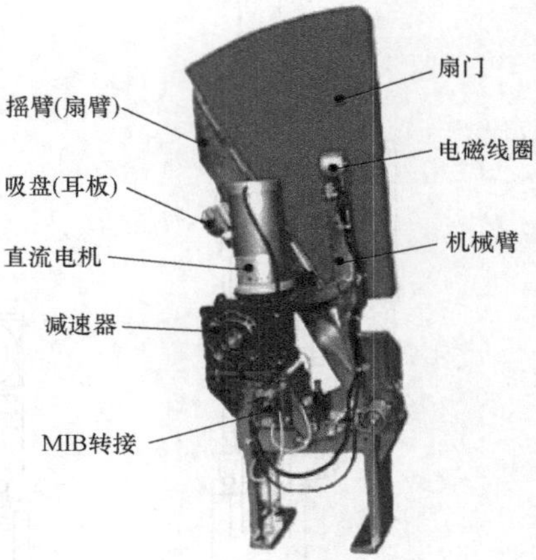

图 5-28　扇门内部结构

当突然掉电时，扇门会在复位弹簧收缩和重力作用下自动打开，直到通电后，扇门与机械臂自动吸合在一起使通道重新处于关闭状态。两个扇门受同一个控制模块系统控制，运动同步，以确保运动平滑、无振动。

4. 闸门工作模式

闸机正常服务状态下，闸门的工作模式有常开模式和常关模式。闸机的缺省设置是常关模式（可通过参数设置）。当客流较大需要加快乘客通行速度时，可通过维修面板将闸门模式设置为常开模式。

（1）常关模式：闸机在没有乘客使用时扇门是关闭的，当乘客刷卡后扇门打开，待乘客通过后扇门重新关闭。

（2）常开模式：闸机在没有乘客使用时扇门是打开的，当有乘客非法闯闸时扇门关闭，待乘客退出通道后扇门重新打开。有效乘客刷卡及过闸后扇门始终为打开状态。

5.2.8　车票处理装置

车票处理装置是自动检票机的另一个关键部件，负责完成车票读写、传送及回收处理。车票处理装置主要包括：车票读写设备和车票传送/回收装置，自动检票机车票处理装置，如图 5-29 所示。车票处理装置由车票读写器/天线、票卡传送机构、传感器、回收票箱 1

及升降机械 1、回收票箱 2 及升降机械 2、废票回收箱等部件组成。

车票处理装置的形式与车票的制式紧密相关，自动售/检票系统内使用的车票主要有磁质车票和非接触式 IC 车票两大类，通常 IC 车票根据封装形式的不同又分为筹码型车票和塑质薄卡型车票两种。对不同的车票制式，车票处理装置的设计也不同。

图 5 - 29　自动检票机车票处理装置

磁质车票的车票传送装置和车票读写设备采用一体化设计。由于磁质车票的读写具有方向性要求，因此，车票只能一个方向插入车票处理设置，或者由车票传送装置自动完成转向操作。磁质车票的读写需要在匀速运动的传输中完成，整个处理过程可分为读票、写票和校验三个阶段，分别由三个（或更多个）磁头完成。因此，对车票传递装置的速度及磁头与车票接触面的要求较高。读写完成的车票将返回乘客（进站）或被回收（出站）。当车票读写失败时，该车票将被返还给乘客，乘客需要到车站服务中心或人工售（补）票机上进行处理。

对于 IC 车票，目前使用的基本上都是非接触式 IC 芯片，只要车票停留在天线感应的范围内都可读写。因此对于进站交易而言，只需要使用车票读写器就可完成进站处理而不需要配置传输装置。由于出站时单程使用的 IC 车票都需要回收，因此当使用单程 IC 车票出站时，必须将 IC 车票投入（筹码型）或插入（塑质薄卡型）车票处理装置中，车票通过传送装置（通道）到达天线感应区，并在此完成车票读写，交易成功的车票继续经传输装置传送到回收票箱中，非法车票或交易失败的车票将返回给乘客，由乘客到票房或客服中心完成票务更新处理后再次使用。对于不需要回收的 IC 车票，与进站类似，仅使用车票读写器就可完成出站处理。带有票箱的车票处理装置通常需要配置两个票箱，并实时监控票箱的状态，当票箱不在位、票箱将满或票箱满时需要向主控单元发送相关信息，主控单元将相关信息上传到车站计算机系统。在票箱满时，出站检票机将拒收需回收的车票，但可继续处理不需要回收的其他车票。车票回收装置通常对票箱回收车票具有计数功能，或者由主控单元进行计数。车票处理装置应可根据主控单元的命令将车票回收到指定的票箱中，并做到票箱 1 满后自动切换到票箱 2 回收。票箱的容量为每个票箱可回收不少于 750 张车票。被回收的单程票能整齐叠放，使回收的单程票可直接在车站内循环使用，而不需要分拣。

从结构上分析，由于磁质车票在进行车票读写时要求匀速运动，因此，磁质车票的读写处理装置很复杂，工艺要求高，而筹码型 IC 车票的处理装置结构较简单。磁质车票在读写时需要与磁头接触，而 IC 车票的读写是非接触式的，因此，磁质车票处理装置对维护的要求更高，而 IC 车票处理装置的维护较简单。这也是近年来新建的自动售检票系统均采用 IC 车票的主要原因。

对于筹码型或塑质薄卡型封装的 IC 车票，显然筹码型车票的处理装置结构较为简单，维护工作量也小。但塑质薄卡型车票更容易携带，并且比较符合一般乘客的使用习惯。

5.3 使用和操作

5.3.1 自动检票机的使用

自动检票机对单程票的使用方法采用“照进插出”方式，对储值票和其他不回收票卡则采用“照进照出”方式。

乘客进站时，将车票靠近进站自动检票机顶部的读写器天线上方停留（照）一下，即“照进”方式，进行检票操作。

乘客持单程票出站时，将单程票插入出站检票机的投票口，即“插出”方式，进行检票操作。由于单程票需回收后重复使用，因此乘客出站时，必须将单程票插入出站检票机，以便车站回收后循环使用。对于有效单程票，出站检票机将自动回收车票；对于无效单程票，需要将车票返还给乘客。

乘客持公共交通卡等不需回收的车票出站时，将车票靠近自动检票机顶部的读写器天线上方停留（照）一下，即“照出”方式，进行检票操作。

1. 进站操作

在正常模式下，进站检票机的导向指示器“允许通行”标志灯亮，乘客显示器显示允许乘客使用的信息。当乘客将一张单程票或储值票靠近进站检票机的读写器天线，并在其读写范围内时，进站检票机将读取车票上的有关信息，对车票进站有效性进行检查，并在乘客显示器上显示相关信息。

2. 出站操作

在正常模式下，出站检票机的导向指示器“允许通行”标志灯亮，乘客显示器显示允许乘客使用的信息。当乘客将一张单程票插入出站检票机的投票口时，出站检票机将自动读取车票上的有关信息，对车票的出站有效性进行检查，或者乘客将一张储值票等不需回收的车票靠近出站检票机的读写器天线，并在其读写范围内时，出站检票机将读取车票上的有关信息，对车票的出站有效性进行检查，并在乘客显示器上显示相关信息。当检测到无效票或非回收的车票时，将返还车票。

出站检票机的投票口具有适当的缝隙限制，可防止“交通卡”和其他杂物的投入。在任何非运营模式下，如暂停服务模式、紧急放行模式、关闭模式等，进票口不接受车票，防止塞入车票或其他异物。

5.3.2 车票有效性检查

自动检票机对进、出站车票进行处理时，必须对车票的有效性进行检查。对于不同种类的车票，中央计算机系统可分别设置相应的检查内容。

1. 进站方向主要检查的内容

（1）密钥安全性检查。

（2）黑名单检查。

（3）票种合法性检查。

（4）状态检查，包括未初始化、已初始化、正常使用、已注册、已列入黑名单等状态。

（5）使用地点检查。

（6）余值检查。

(7) 有效期检查。

(8) 进/出站次序检查。

(9) 更新信息检查等。

2. 出站方向主要检查的内容

(1) 密钥安全性检查。

(2) 黑名单检查。

(3) 票种合法性检查。

(4) 状态检查，包括未初始化、已初始化、正常使用、已注销、已列入名单等状态。

(5) 使用地点检查。

(6) 余值检查。

(7) 有效期检查。

(8) 进/出站次序检查。

(9) 超程检查。

(10) 超时检查。

(11) 更新信息检查等。

3. 车票检查有效

乘客持车票进站，进站检票机检验车票有效时，释放自动检票机的阻挡装置，让乘客通行；乘客持车票出站，出站检票机检验车票有效时，释放自动检票机的阻挡装置，让乘客通行，出站检票机可根据系统预先设置，回收单程票。

4. 车票检查无效

若车票检查无效，自动检票机在该车票上不写入任何信息，在乘客显示器显示“请去客服中心查询（GO TO BOOKING OFFICE)”及车票拒绝代码的信息，引导乘客到服务中心/补票机查询车票，同时关闭自动检票机的阻挡装置，阻止乘客通过。乘客可持该车票到人工/补票机进行车票分析，根据不同情况对该车票进行处理。

5.3.3 乘客连续通过处理

在大客流乘客连续通过自动检票机时，自动检票机能连续进行车票处理和放行。

自动检票机可储存多达 10 个的有效验票，每个通行指令可储存 30s。一旦一个乘客已经刷卡，下一个乘客不需要等待前一个乘客离开自动检票机就可以刷卡。

乘客通行过程中，闸门的关闭有一个延时时间，此延时时间可通过参数设置。当第一个乘客通过后，闸门在此时间后将关闭，而如果在此时间内有第二人刷卡，闸门将不关闭，等待第二个乘客通过闸门，保障乘客连续通过时，闸门保持常开状态。

5.3.4 特殊车票处理

自动检票机对特殊车票（如员工票、黑名单车票等）使用灯光提示及音响功能。

如果有儿童或员工票通过，通行警示灯亮黄色，蜂鸣器发出短促单音提示，自动检票机出口默认打开允许通过，此时检票人员会对特别票种进行人工查验。

如果有闯闸、尾随现象，或者票已有过出站记录，或者磁道损坏等非法错误信息，通行警示灯亮红色，同时蜂鸣器发出长声的提示音。

5.3.5 更换票箱

出站检票机具有带自动升降装置的车票回收票箱（或弹簧装置的车票回收票箱），被回收的单程票能整齐叠放，使回收的单程票可直接在车站内循环使用，而不需分拣。出站检票机在打开维护门时，回收票箱的升降装置受门感应器控制会自动下降，关闭维护门时，回收票箱的升降装置会自动上升。

在出站检票机的回收单元模块中装有光电检测器，能随时检测票箱内的车票数量，在票箱将满及票箱满时，向车站计算机传送相应的状态及车票数量信息。当票箱满时，出站检票机将拒收需回收的车票，但可继续处理不需回收的其他车票。出站检票机票箱的总容量为 2 个，每个票箱可回收不少于 750 张车票。

当需要更换票箱回收车票时，操作人员打开自动检票机的门，必须待升降装置自动降落到位后，才能进行票箱更换操作。票箱更换操作步骤如下：

（1）松开固定锁扣。

（2）取下票箱。

（3）装上空票箱，要注意托板位置有无偏移。

（4）紧固锁扣固定。

（5）按动门开关检查票箱升降机构升降灵活。

（6）确认正常后关闭维护门。

（7）查看乘客显示屏的状态显示正常。

对装有弹簧装置的车票回收票箱的更换操作，必须严格按操作步骤执行，禁止违规操作，否则会带来不安全因素，造成人身伤害事故。票箱拆卸步骤示意如图 5 - 30 所示。票箱安装步骤示意如图 5 - 31 所示。

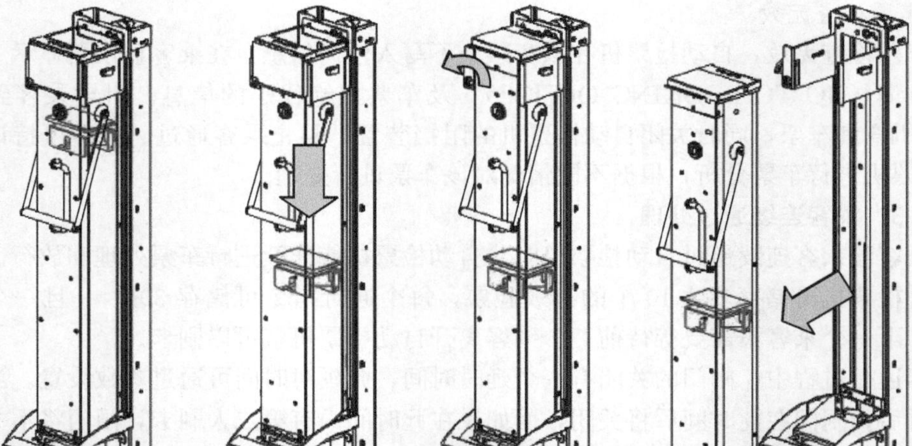

图 5 - 30 票箱拆卸步骤示意

5.3.6 回收车票

有效的单程票通过自动检票机回收，同时对回收的单程票票值进行清零，被回收的单程票可直接拿到售票机上出售。无效单程票将送到出票口退还给乘客，同时，乘客显示屏显示相关信息，提示乘客到票房或客服中心处理车票。

5.3.7 自动检票机状态信息与故障信息的显示

自动检票机在使用过程中，会将车票的详细交易信息上传至车站计算机。另外，自动检

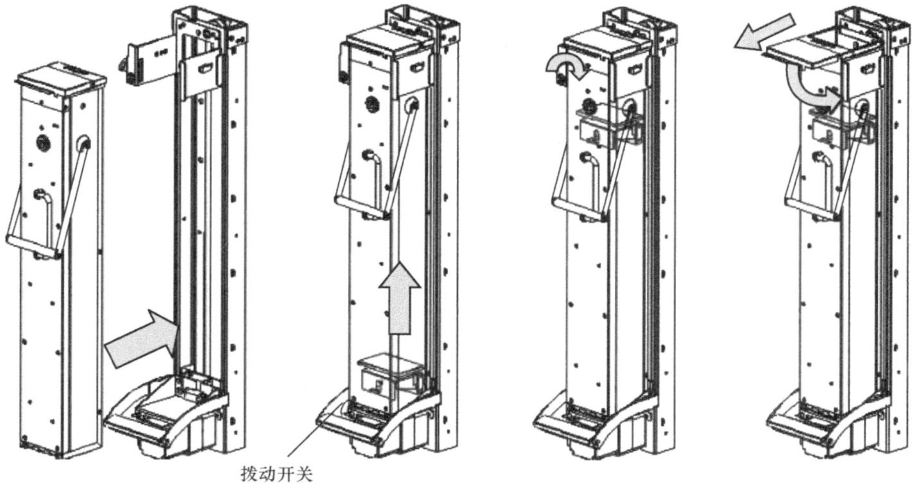

图 5-31 票箱安装步骤示意

票机还会在使用过程中将设备的状态信息、故障信息及操作维护信息也同时上传至车站计算机。在车站计算机上要查询某一台自动检票机的状态信息，选择该台设备双击打开，显示界面上将显示该台设备的即时状态信息和交易的寄存器数据以及设备故障告警信息。

自动检票机能接收由站台计算机下传的参数和控制命令，向车站计算机上传设备的运行和状态的各种数据。下载信息包括系统参数、设备运行参数、车站数据表、费率表、票型表、时钟同步、黑名单信息、安全控制、授权信息、定期审计查询等。上传信息包括车票交易信息、寄存器数据、发现黑名单信息、设备状态信息、设备故障信息等。自动检票机具有操作记录和少量统计功能，并向车站计算机传送所有数据。

5.4 常见故障及处理

车站使用的自动检票机由于各种原因会发生故障，自动检票机发生故障导致乘客无法使用时，维修人员必须尽快进行故障处理，在最短的时间内找到故障原因并排除，将设备修复，使设备重新投入使用。

5.4.1 AGM常见故障判断方法

自动检票机发生故障时，车站计算机将会报警，并在位图上显示红色，提醒工作人员该自动检票机发生故障或状态变化，用鼠标点击故障设备可看到相应的故障状态描述，使维修人员知道自动检票机发生何种故障或状态变化。在车站现场，发生故障的自动检票机正面乘客指示灯红色禁止灯亮，乘客显示屏上显示“暂停使用”，提醒乘客和维修人员此自动检票机发生故障，设备停止服务，拒收各种车票。

维修人员想了解自动检票机发生何种故障，除在车站计算机上用鼠标点击故障设备可查看相应的故障描述外，另一种方法是打开故障机左侧边门，然后立即关上该门，乘客显示屏右下角会显示相应的故障代码。因此，维修人员必须掌握自动检票机的各种故障代码的含义及故障维修的处理方法。

自动检票机在进行故障诊断排除及日常管理和硬件检测时，工作人员必须在维修面板上输入密码，进入维修系统进行操作。维修面板操作菜单的界面结构设计见表5-9。

表5-9 维修面板操作菜单的界面结构设计

序号	一层菜单项	二层菜单项	三层菜单
1	更换票箱	1. 卸下A票箱	—
		2. 装载A票箱	—
		3. 卸下B票箱	—
		4. 装载B票箱	—
		5. 更换废票箱	—
2	运营控制	1. 服务模式设置	1. 开始服务
			2. 结束服务
		2. 运营模式设置	1. 正常模式
			2. 关闭模式
			3. 紧急模式
			4. 降级模式
		3. 24h运营模式设置	1. 开始
			2. 关闭
		4. 延长运营时间	延长时间
		5. 自动运营时间表	1. 启用
			2. 停用
		6. 扇门模式设置	1. 常开模式
			2. 常闭模式
		7. 通道模式设置	1. 进站模式
			2. 出站模式
			3. 双向模式
3	设备设置	1. 时间设置	—
		2. 本机设置	线路号、车站号、组号
		3. 通信设置	1. 设备IP及网关设置
			2. SC及时钟同步服务器IP设置
		4. 测试模式设置	1. 测试模式开始
			2. 测试模式结束
		5. 流水号重置	流水号类型选择及输入
4	设备查询 系统关闭	1. 网络通信状态	在线、离线
		2. 设备信息查询	ID、IP等信息
		3. 运营状态查询	当前运营模式、服务模式、测试模式等信息
		4. 参数软件版本查询	1. ACC参数
			2. OCT参数
			3. AFC内部参数
			4. 主程序版本查询

续表

序号	一层菜单项	二层菜单项	三层菜单
4	设备查询 系统关闭	5. 模块状态查询	1. 扇门模块状态
			2. 进站读写器状态
			3. 出站读写器状态
			4. 回收模块状态
			5. I/O 控制板状态
		6. 模块信息查询	1. 扇门模块信息
			2. 进站读写器信息
			3. 出站读写器信息
			4. 回收模块信息
			5. A 票箱信息
			6. B 票箱信息
			7. 废票箱信息
		7. 模块固件版本查询	1. 进站端读写器
			2. 出站端读写器
			3. 回收模块
			4. 扇门模块
		8. 运转数据查询	—
		9. 故障记录查询	—
		10. 操作日志查询	—
5	维修测试	1. 扇门模块测试	1. 方向指示器测试
			2. 扇门测试
			3. 传感器测试
			4. 停止测试
		2. 进站读写器测试	通信测试
		3. 出站读写器测试	通信测试
		4. 回收模块测试	1. 通信测试
			2. 传感器测试
			3. 马达测试
			4. 电磁阀测试
			5. 回收动作测试
			6. 回收模块服务
		5. 警示灯测试	1. 点亮黄色优惠票灯
			2. 关闭黄色优惠票灯
			3. 点亮红色报警灯
			4. 关闭红色报警灯

续表

序号	一层菜单项	二层菜单项	三层菜单
5	维修测试	6. 语音及报警器测试	1. 语音测试
			2. 报警器测试
		7. 开关测试	—
		8. 顶棚向导测试	—
		9. 部件更换	旧部件类型、旧序列编号、新部件类型、新序列编号
6	模块软件下载	1. 进站读写器应用程序下载	—
		2. 出站读写器应用程序下载	—
		3. 进站读写器主控程序下载	—
		4. 出站读写器主控程序下载	—
		5. 回收模块软件下载	—
		6. 维修面板软件下载	—
		7. 扇门模块软件下载	—
7	数据管理	1. 数据备份	—
		2. 数据恢复	—
		3. 数据导入	—
		4. 数据导出	—
8	系统关闭	1. 系统重启	—
		2. 关机	—

5.4.2 典型故障处理案例

1. 自动检票机在正常运行模式下刷卡不开门

（1）故障描述。

1）设备名称：北京地铁某号线自动检票机（双向通道）。

2）故障现象：正常运行模式下出站方向闸机通道刷卡扇门不打开。

3）故障影响程度与等级：影响乘客正常出站，属于一般事故，报修。

（2）故障处理过程。

1）故障信息获得。客运人员报修：某站某台双向闸机通道出站方向刷卡不开门。

2）先期故障预判断及准备内容。AFC 设备检修人员接到报修后，进行先期预判断，可能引发的原因有以下 8 种：

a. 通道传感器故障。

b. 读卡器未形成完整交易。

c. 读卡器软件版本故障。

d. 逻辑控制板（PLC）故障。

e. 扇门控制板（MIB）故障。

f. 闸机主控制单元（EMM）故障。

g. 扇门单元机械传动故障。

h. 连接线缆磨损。

准备内容：设备钥匙、通道传感器、读卡器及读卡器天线板、逻辑控制板（PLC）、扇门控制板（MIB）、闸机主控制单元（EMM）、线缆、工具箱、万用表等。

3）故障现象确认及初步诊断。AFC设备检修人员到达现场后，首先向客运当班人员询问现场设备故障情况，并对报修闸机通道使用员工卡进行刷卡测试，发现进站方向闸机通道刷卡后，其扇门可正常打开、闭合；出站方向闸机通道刷卡后，其扇门不动作。据此确认故障现象为“正常运行模式下出站闸机刷卡不开门”，排除了扇门单元机械传动故障及读卡器软件版本故障这两个原因。因此初步诊断后故障原因为上述a、b、d、e、f、h。

4）故障实际查找及确认。由于是刷卡不开门故障，所以AFC设备检修人员首先怀疑是读卡器本身出现故障，即未形成完整的交易数据，更换了读卡器，但是故障未得到修复。继续围绕着读卡器的相关部件进行检查，24V/12V转换电源、连接线缆均未发现故障点。之后，又更换了闸机主控制模块EMM（带来的备件），进行闸机通行刷卡测试，最初的故障现象依然存在。检修人员重新梳理思路，将相关设备再次进行查找，均正常，最后将邻近闸机的主控制模块拆下换上，设备恢复正常，由此确定故障点为闸机的主控制模块。

5）故障排除方法及结果。更换闸机主控制模块（EMM），闸机在正常运行模式下，双向扇门均可正常打开、闭合。

（3）原因分析。

1）故障产生的直接原因与逻辑分析。EMM是闸机扇门单元的主控制模块，当乘客刷卡进出闸机时，闸机控制模块EMM会根据相应的控制条件，如通道传感器的感知、票卡的正确读取与否等控制扇门的动作。若控制条件满足，EMM会控制扇门的打开、闭合。

本案例中由于EMM控制模块中3746板的连接线接触不良，造成控制命令无法送出，无法控制扇门动作。

2）故障直接原因产生因素分析。将故障的EMM打开后，检查内部发现3746板上有一根连接线在其插接处有松动是造成此次故障的直接原因。由于线缆安装在EMM机壳内，故障点隐蔽，不易被发现。

（4）案例处理优化分析。

1）故障处理经过分析。本案例检修人员在前期处理过程中将读卡器作为故障判断要因是错误的。

读卡器具有对一日票和一卡通票两种票卡认读的功能。在本案例中，读卡器可正常认读一卡通票卡，说明故障点不在读卡器上。由于检修人员对于读卡器性能及故障后产生的现象不明确，导致判断有误。

2）故障处理优化解决方案。检查人员首先应使用闸机维护小键盘，进入闸机维护界面，对闸机的扇门单元进行测试，看扇门的动作是否规范及声音是否正常，如扇门动作无异常且声音正常，则表示门单元无故障，可排除门单元故障；对闸机通道传感器逐一进行遮挡测试，闸机通道传感器均能反应遮挡状况，即通道传感器功能正常，可排除通道传感器故障的因素。用同样的方法，再对扇门动作状态进行测试，排除闸机逻辑控制板（PLC）及扇门控制板（MIB）故障。

使用员工卡在出站侧刷卡，可正常刷卡，说明读卡器读卡功能正常；使用一日票，可读卡并回收，说明票卡回收模块正常，故可排除读卡器未形成完整交易及连接线缆磨损因素。

通过以上故障排除法来判断，故障点应在闸机 EMM 接收到读卡器信号并进行处理后没有对扇门发送开门命令，所以故障点在 EMM 上。

(5) 专家提示。

1) 此类故障正确处理（判断）的方式方法及关键步骤。

a. 根据正常模式下使用员工卡在出站侧刷卡，可正常刷卡，使用一日票，可读卡并回收，说明读卡器性能良好，回收模块正常。

b. 通过使用维护键盘，逐一进行传感器、控制板件的性能测试，排除可能的故障点。

2) 其他提示。在多个故障原因同时存在时，可通过排除法缩小故障范围，迅速找到故障点。例如，本案例中通道传感器故障、读卡器未形成完整交易、逻辑控制板（PLC）故障、扇门控制板（MIB）故障、闸机主控制单元（EMM）故障均可造成正常运行模式下闸机扇门不动作。通过排除法将以上原因一一排除，最终确定闸机控制模块 EMM 故障导致此故障。

(6) 预防措施。由于此次故障点是一根模块内的连接线，外观查看不易被发现，但由于带来的设备件本身有问题延误了处理时间。因此，要加强对备品备件的管理，尤其对修理过的备品备件要进行上机测试，以确保备品备件的可靠性，避免此类问题的发生。

(7) 讨论思考。在正常模式下，出现刷卡后双向闸机扇门均不动作，是什么原因？

2. 自动检票机扇门运动不正常

(1) 故障描述。

1) 设备名称：北京地铁某号线自动检票机（双向通道）。

2) 故障现象：自动检票机门单元故障，开、关不正常。

3) 故障影响程度与等级：报修。

(2) 故障处理过程。

1) 故障信息获得。客运人员报修：某站某台闸机通道扇门故障。

2) 先期故障预判断及准备内容。AFC 设备检修人员接到报修后，进行先期预判断，可能引发的原因有以下 5 种：

a. 扇门限位传感器故障。

b. 扇门电磁铁故障。

c. 扇门电磁铁吸盘故障。

d. 扇门电磁开关故障。

e. 扇门马达故障。

准备内容：设备钥匙、偏口钳、活扳手、一字螺丝刀、十字螺丝刀、尖嘴钳、扇门限位传感器、电磁开关、电磁铁、电磁铁吸盘等。

3) 故障现象确认及初步诊断。AFC 设备检修人员到达现场后，首先向客运当班人员询问现场设备故障情况，并对报修闸机进行检测，发现 AGM 已处于关机状态，对 AGM 进行开机，发现开机过程中，AGM 一侧扇门动作不正常（频繁动作，有时扇门不关闭）。初步诊断后故障原因可能为上述 a、b、c、d。

4) 故障实际查找及确认。首先 AFC 设备检修人员观察限位传感器，外观无异常，手动将扇门放置在开、关位置，限位传感器灯亮，排除限位传感器位置偏移或损坏问题；其次，观察扇门电磁铁吸合情况，发现电磁铁与电磁铁吸盘有时无法吸合，检查电磁铁开关，发现电磁铁开关位置有偏移，通过调整电磁铁开关，故障排除。

5）故障排除方法及结果。调整电磁铁开关，闸机故障排除，扇门可正常打开、闭合。

（3）原因分析。

1）故障产生的直接原因与逻辑分析。该故障产生的原因是电磁铁开关位置偏移，导致电磁铁有时因为电磁铁开关未感应而无法励磁，无法产生磁力吸附电磁铁吸盘，拉动扇门，现象表现为扇门动作不正常，一侧扇门有时不关闭。

2）故障直接原因产生因素分析。导致电磁铁开关位置偏移的原因主要为乘客冲撞和扇门动作过于频繁震动。

（4）案例处理优化分析。此类故障正确处理的关键步骤在于设备检测各个部件的顺序，顺着扇门控制板检测原件的顺序来查各种备件，依次是上下限位传感器、电磁开关、电磁铁吸盘、马达。

查看扇门能否动作，根据扇门动作判断扇门的故障点，查看上下限位传感器的时候遇到金属时有无反应，如果没有反应则是上下限位传感器故障，需要更换。如果有反应，则该限位传感器没有问题；看电磁开关，用万用表欧姆挡测量电磁开关，如果万用表测得无电阻值或特别小，则表明该电磁开关正常，反之则该电磁开关损坏；查看电磁铁吸盘是否脱离，查看马达是否能动作，如果马达能动作，则表明马达没问题。用手推动扇门门体，电磁铁能吸住吸盘，则表示该电磁铁无故障。若发现其中一个是故障的，及时更换。

（5）专家提示。

1）在调整传感器时，曲轴连接处的角度小于180°。

2）在调整扇门电磁开关时，应小于3mm。

3）更换电磁开关时，要保证开关处于离开状态。

4）更换马达时，要防止固定销脱落。

（6）预防措施。日常巡视要查看扇门的动作，听扇门的声音是否正常，发现问题，及时处理；执行计划表时，注意检查电磁开关是否有松动，要及时紧固；同时加强对乘客的宣传，避免强行冲撞扇门。

（7）讨论思考。一侧扇门频繁动作，无法定位，分析故障原因是什么？如何解决？

3. 自动检票机扇门单元故障

（1）故障描述。

1）设备名称：北京地铁某号线自动检票机。

2）故障现象：设备暂停服务。

3）故障影响程度与等级：影响车站乘客进出站，属于一般故障，报修。

（2）故障处理过程。

1）故障信息获得。客运人员报修：某站某台闸机暂停服务，闸机通道一边扇门不停开关。

2）先期故障预判断及准备内容。AFC设备检修人员接到报修后，进行先期预判断，可能引发的原因有以下5种：

a. 扇门限位传感器故障。

b. 扇门电磁铁传感器故障。

c. 扇门模块与外壳之间发生剐蹭。

d. PCM板故障。

e. 电磁铁吸盘故障。

准备内容：扇门模块抢修工具、仪表、电磁铁传感器和限位传感器等备件。

3）故障现象确认及初步诊断。AFC设备检修人员到达现场后，在自动检票机旁边做好防护，对故障现场进行确认。现场自动检票机为断电关机状态，重新开机后设备正常服务，通道主扇门处于关闭状态，从扇门不停开关。PCM板灯位正常，通道顶棚向导为红叉，闸机方向指示器为红叉。因此，初步诊断后故障原因为上述a、b、c、e。

4）故障实际查找及确认。维修人员打开维修门后，首先给扇门模块上电，上电后PCM板右上4个电源指示灯点亮，并且PCM板其他指示灯均正常，先期判断PCM板正常。

对扇门进行开关测试，观察扇门动作，扇门开关时，扇门限位传感器点亮。如果不亮，有可能是限位传感器故障或位置偏移，建议更换到位传感器或调整到位传感器位置。此案例中扇门到位传感器正常，排除扇门到位传感器故障。

在扇门测试过程中，观察扇门模块在动作时电磁线圈和电磁铁吸盘的状况，扇门模块电磁线圈能主动与电磁铁吸盘吸合，并带动门扇进行开关，但是扇门在进行开关时，电磁线圈偶尔会与电磁铁吸盘分开，排除电磁铁吸盘和电磁铁传感器故障。

以上故障点排除后，最后测试门扇与闸机面板是否发生剐蹭，导致电磁线圈与电磁铁吸盘分开，调节闸机面板和扇门底座，使扇门在开关时能顺畅进出，连续测试多次后，扇门模块工作正常，故障排除。

5）故障排除方法及结果。调节自动检票机的扇门底座和闸机面板，自动检票机扇门模块工作正常，设备运行良好，故障恢复。

（3）原因分析。

1）故障产生的直接原因与逻辑分析。该故障产生的直接原因是扇门与闸机面板发生剐蹭，导致扇门电磁线圈和电磁铁吸盘的偶尔分开，扇门不能正常工作，设备暂停服务。

2）故障直接原因产生因素分析。扇门的频繁动作和一些乘客的冲撞扇门，导致扇门的门扇与闸机面板发生剐蹭，造成闸机故障，设备暂停服务。

（4）案例处理优化分析。首先看相关设备指示灯是否正确，线缆螺丝是否紧固，排除线缆故障和一般板卡故障。其次看扇门开闭时设备的机械运动情况是否正常。

1）进行扇门测试，查看相关板卡指示灯是否正常。

2）查看限位传感器是否正常。

3）测试扇门是否发生剐蹭，如果剐蹭严重，调节扇门机构。

（5）专家提示。

1）此类故障正确处理（判断）的方式方法及关键步骤。

a. 首先排除扇门限位传感器故障：通过维修面板进行扇门测试，金属杆与限位传感器应保持2～3mm距离时限位传感器指示灯点亮，限位传感器正常。

b. 排除电磁铁传感器和电磁铁吸盘故障：检测扇门电磁铁线圈与电磁铁吸盘是否吸合，确定电磁铁传感器是否正常，能正常吸合则排除该故障点。

c. 排除PCM板故障：更换PCM板，如果故障依旧，排除PCM板故障。

d. 在进行扇门测试时，扇门偶尔发生单边开关故障，应查扇门在工作时是否发生剐蹭，扇门底座是否松动，如有剐蹭则进行调整，使扇门正常工作。

2）故障提示。

a. 扇门限位传感器故障：测试扇门，扇门模块限位传感器点亮，则排除限位传感器故障。

b. 扇门电磁铁传感器故障：测试扇门，电磁线圈与电磁铁吸盘完全吸合，PCM 板 L8 灯正常，排除电磁铁传感器故障。

c. PCM 板故障：板卡类故障，首先判断灯位是否正常，其次用替代法进行判断。

d. 电磁铁吸盘故障：打开闸机后面板，观察电磁铁吸盘，电磁铁吸盘未变形，动作良好，排除电磁铁吸盘故障。

e. 扇门模块与外壳之间发生剐蹭：以上故障都排除后，仔细观察扇门动作，由于扇门扇叶与闸机面板缝隙较小，一般都会有些剐蹭，调节闸机面板和扇门扇叶，使之达到最小摩擦或不摩擦，观察扇门动作。

3）其他提示。处理故障时，不仅要对设备指示灯了解，也必须了解设备的机械构造和运动原理。

a. 扇门模块限位金属杆与限位传感器保持 2～3mm 距离时，限位传感器点亮。

b. 处理扇门故障时，注意扇门限位金属杆不能砸到限位传感器。

（6）吸取教训。本故障因为没有及时找到故障点，造成处理故障延时过长，对运营指标造成影响。

应吸取以下教训：处理故障时，不仅要对板卡和机械结构了解，也要对磨损的部件容易造成的故障进行了解，尽快找出故障点，排除故障。

（7）预防措施。加强对自动检票机的巡视，在巡视中对经常使用的部件多观察，及时发现问题，进行维修和保养。

（8）讨论思考。扇门模块两边扇门都不出来的故障原因有哪些？

6 运营辅助设备

作为自动售/检票系统的辅助设备，编码/分拣机、自动查询机、便携式验票机、顶棚向导标志等也是保障 AFC 正常运行的辅助设备。

6.1 编码/分拣机

编码/分拣机（encoder/sorter，ES）用于对车票进行批量的编码和分拣处理，通常安装在票务系统中心，根据需要也可安装在车站票务室。

采购回来的票卡均需要通过编码/分拣机进行初始化处理后才能在系统中投入使用。编码/分拣机必须直接与中央计算机系统连接，其编码情况都要通过中央计算机检查和确认，以确保自动生成车票密钥和编号的有效性及唯一性。

根据应用需求，编码/分拣机既可将功能分离，设置成单独的编码机或分拣机，也可将编码、分拣功能相结合，设置成编码/分拣机。

(a) (b)

图 6-1 编码/分拣机

（a）等码式；（b）票卡式

编码/分拣机一般由显示器、控制面板、IC 车票读写器及天线、主控单元、卡管理单元、车票读/写模块、票卡传送装置、票盒安放装置、机身、电源模块（含 UPS 或电池）、支持软件和操作台等部件组成。编码/分拣机如图 6-1 所示。

支持软件由初始化模块、参数设置模块、状态监控模块、动作控制模块、报警指示模块、日志处理存储模块、通信模块、设备诊断测试模块等组成。

6.1.1 设备功能

编码/分拣机是专门用于对车票进行批量处理的设备，其主要功能包括分拣和编码两大类。

分拣是指将一批车票按照某个或某几个特征值分开，分别存放到不同的票箱中，车票分拣操作中一般不改变车票内的数据内容。

编码是指对车票进行某种功能的批量处理，如初始化、预赋值、注销、更新等操作，编码将改变车票内某一字段或某几个字段的数据，这是编码功能与分拣功能的最大区别。使用编码功能时，通常要为每张车票生成一条交易记录，而使用分拣功能大多数情况下只要生成统计记录即可。

编码/分拣机的分拣功能和编码功能有时可结合在一起。例如，对一批车票进行处理，将使用次数超过规定次数（如 10 万次 IC 票）的车票注销，使用次数不足规定次数的车票清除余值，并分别分拣到指定的票箱内，这时分拣功能和编码功能是在一次交易内完成的。

6.1.2 工作原理

1. 设备总体架构

编码/分拣机主要功能模块包括编码/分拣工作站、主控制器、车票处理装置、车票读写器、打印机、紧急按钮及 UPS 等。

编码/分拣工作站提供友好的人机界面进行交互，并提供设备工作状态的监控信息。主控制器一般选用高可靠性、低功耗的嵌入式计算机设备，用于控制车票处理装置的动作。车票处理装置负责完成车票的供票、停留、回收等操作。车票读写器负责车票的安全认证和读写操作。打印机可打印各种统计数据和班次信息。紧急按钮用于在紧急情况下暂停所有的机械运动，保护设备和人身安全。UPS 为设备提供意外断电情况下的当前工作保障，确保当次操作的完成。

2. 交易处理流程

编码/分拣机与其他设备的主要区别为编码/分拣机是专门用于车票批量处理的设备，因此，其一次任务通常包含许多笔交易，而其他自动售/检票设备的一次任务通常只包含一笔交易。操作员在操作工作站上录入一次任务，编码/分拣机将开始自动工作，直至任务完成或人为中止或取消任务为止。

编码/分拣机的所有交易都在车票处理装置内完成。车票处理装置按照逻辑可划分为三段，即供票段、车票读写段和车票回收段。供票操作将车票从票箱内送出，进入车票读写段，在车票读写段内完成车票的读写操作，然后送入车票回收段，车票回收段将车票回收到指定的票箱中。车票在车票处理装置中的运动由主控制器控制，车票的读写操作由车票读写器完成。

编码/分拣机在批量处理车票的过程中发生中断，如供票箱空、回收票箱满、废票箱满和车票阻塞等情况下将暂停工作，待故障清除后自动从断点开始继续执行给定的任务，直至任务完成或被取消。

为提高编码/分拣机的工作效率，取票、读写和回收可交叉进行。在车票进入读写段后，取票段可取出下一张车票，等待上一张车票离开读写段后将其送入读写段；而车票回收完成后，完成读写的车票可送入回收段。三段的协同工作需要主控制器进行调度，车票在车票处理装置中的位置可通过一系列传感器确定。主控制器需要实时监控各种传感器信号，以确定车票的运动状态。

3. 数据管理

编码/分拣机的数据管理包括授权认证管理、参数管理、交易记录管理及数据统计。

由于编码/分拣机可完成初始化编码、车票预赋值等操作，对安全管理的要求比较高，因此，编码/分拣机必须在授权和监控的状态下工作。授权认证包括设备的权限认证和操作员权限认证，在编码/分拣机开始工作前，操作员需要登录设备，设备同时需要向上一级系统发起授权申请，获得授权后开放相应的功能，并保留操作日志。

编码/分拣机的参数管理比较简单，由于编码/分拣机在每次工作前需要授权认证，因此分拣/编码过程中的某些参数可在授权认证时获得，编码/分拣机根据上一级系统设定的参数进行工作。编码/分拣机一般不需要保存多版本的参数。

当编码/分拣机需要对车票进行改写操作时，必须为每次操作保留交易记录，交易记录根据规定的参数上传到上一级系统。对单一的分拣操作，通常不需要保留交易记录，只需要统计分拣结果。

编码/分拣机的统计功能主要是对各类操作进行统计，包括按操作类型统计和按操作员统计等。编码/分拣机可通过打印机打印运营管理所需的各种统计报表，并可按照参数文件的要求将统计数据上传到上一级系统进行审计和对账。

6.1.3 性能指标

由于编码/分拣机通常安装在控制中心或车站的编码室内，环境条件较好，因此环境指标并不是编码/分拣机的重要指标。衡量编码/分拣机工作性能最重要的指标是车票的处理速度。由于采用的车票制式不同，处理速度指标的具体数值也存在较大的差异。在采用磁质车票的情况下，编码/分拣机的速度一般可达每小时3000～4000张，采用IC车票的情况下，编码/分拣机最快可达到每小时5000张以上。编码/分拣机的处理速度受到车票读写速度，车票传输及回收速度以及主控制器的调度和判断能力的影响，不同的产品往往存在较大的差异。

由于编码/分拣机用于车票的批量处理，通常会处于连续高负荷运转状态，因此，编码/分拣机的可靠性指标也非常重要。

6.2 自动查询机

6.2.1 概述

自动查询机（ticket checking machine，TCM）安装在非付费区，通常设置在自动售票机旁边，供乘客自助查询路径和票价、查看车票信息及有效性。

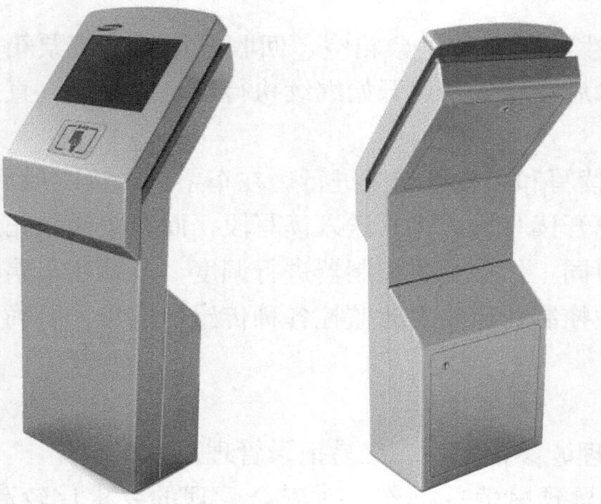

图6-2 自动查询机

自动查询机采用触摸屏操作方式，读取车票过程中不修改车票上的任何数据，其所显示的乘客服务信息由线路AFC控制系统下载。自动查询机如图6-2所示。

6.2.2 组成结构与功能

自动查询机主要由计算机、电源设备、读卡器和触摸显示器等结构组成。

自动查询机可查询目的地路线和票价。只需在屏幕上点击对应选项，如“路径查询”或“票价查询”按钮，便可知道要到达的目的地车站归属几号线、行驶路径、各站票价情况，大大提高了出行效率。

自动查询机还具有车票查询和乘客服务信息查询等功能。车票查询是读取票卡信息，不具备写票功能，将车票放在刷卡区，票卡金额、进出站信息能一目了然。

对于工作人员的票卡，能显示车票查询的以下内容：

(1) 车票逻辑卡号。

(2) 车票类型。

(3) 余额/使用次数：显示该车票当前所剩余额及使用次数。

(4) 车票有效期：显示该车票的有效期限。

(5) 车票无效原因（如安全性检查、出入顺序检查、黑名单检查、超乘、超时等）。

(6) 交易历史等。

6.3 便携式验票机

便携式验票机（portable card analyzer，PCA）是一种移动设备，由车站工作人员随身携带，用来对乘客所持车票进行核查，能方便地在收费区内对有关票卡的有效性进行检验，并显示检验结果，为及时解决票务纠纷提供帮助。便携式验票机如图 6-3 所示。

图 6-3 便携式验票机

6.3.1 设备功能

便携式验票机的基本功能就是查验车票，包括车票有效性检查，显示车票信息和历史使用信息等，必要时便携式验票机还可增加车票更新功能。

便携式验票机应具有外部接口，便于与外部设备进行数据交换，主要用于参数下载。如果允许更新车票数据，则便携式验票机需要保存交易记录，并可通过数据接口将交易记录导出到车站计算机系统，常见的接口方式包括 RS-232、USB、红外及蓝牙等。

便携式验票机内置电池，使用时无须连接外部电源。目前，便携式验票机基本都是使用无记忆的可充电锂电池作为设备电源。

6.3.2 工作原理

便携式验票机通常由嵌入式微处理器作为主控芯片，附以安全模块、射频模块、天线、电源管理模块、显示及键盘模块、通信接口构成，从某种角度看，便携式验票机实际上就是一台加载车票数据分析处理功能的车票读写器。

便携式验票机在开机时，首先检测各部件的工作状态，如果部件出现故障，将显示相应的故障信息，并降级工作或停止工作。便携式验票机可要求操作人员输入操作员号及密码进行登录。在车票进入天线感应区，验票机读取车票内容，并对车票进行有效性检查。

1. 车票有效性检查的内容

(1) 密钥安全性检查。

(2) 黑名单检查。

(3) 票种检查。

(4) 车票状态检查。

(5) 有效期（使用时间）检查等。

2. 便携式验票机可显示的车票信息

(1) 车票编号。

(2) 车票余额。

(3) 车票有效期。

(4) 车票进/出站状态。

(5) 车票历史交易记录等。

便携式验票可根据设定的参数进行车票的更新，如进出站更新、超时及超程更新等，并保存交易记录。由于便携式验票机工作时处于完全脱机的状态，基于安全性的考虑，便携式验票机不能进行加值、售票等对安全性要求较高的交易。

6.3.3 性能指标

便携式验票机的性能指标除通用的环境和可靠性要求外，最重要的性能指标是便携性和功耗。

由于便携式验票机是一种可移动的设备，因此便携性指标非常重要。便携性指标主要包括产品的质量和尺寸。一般而言，便携式验票机的质量不应超过 500g，外形尺寸应能适合普通成年人手持的要求。

功耗是另一项对便携式验票机非常重要的指标。由于便携式验票机使用电池作为工作电源，因此，功耗大小将直接决定该设备的连续工作能力。为降低设备功耗，经常采用的方式包括选用低功耗器件，无卡时关闭射频，无操作转入待机模式或自动关机，等等。

6.4 顶棚向导标志

顶棚向导标志是为了更加有效地引导乘客识别自动检票机的进/出方向而设置的系统。顶棚向导标志能使乘客在至少 30m 的距离外明显辨识其显示信息及含义。

图 6-4　顶棚向导装置

顶棚标志吊挂于各检票机通道正上方，用于给站厅远端乘客指示自动检票机的通行方向，使乘客容易辨认，顶棚向导装置如图 6-4 所示。顶棚向导标志采用通长形式，与自动检票机组尺寸相协调，外壳采用冷轧铁板整体结构，与车站装修整体风格相一致，界面采用 LED 双面显示模式，主要通过图像来表示向导标志。绿色标志表示通行，红色标志表示禁止通行。紧急模式时付费区侧为通行显示，非付费区侧为禁行显示。

6.4.1 硬件组成

顶棚向导标志系统的硬件由四大部分组成。

(1) 前后面罩。

(2) 框架。

(3) 显示单元。

(4) 吊杆吊架（箱体应采用整体承载设计，箱体吊杆应可沿箱体方向任意调整，不受箱体组合方式的制约）。

前后面罩为冷轧成型钢板，表面喷漆，用于安装显示单元的显示模组。

顶棚向导的尺寸与自动检票机横向宽度相同，显示标志位于自动检票机中心位置。

框架包括箱体框架和吊臂，为方钢焊接成型，表面喷漆，用于固定前后面罩和安装显示单元的电源模块。

顶棚向导两侧面板可打开，用于维修。

显示单元包括前后显示模组、显示控制器额定电源模块，分别安装于前后面罩及框架上。

6.4.2 工作原理

AFC 顶棚向导标志控制器与闸机有三种方式连接：逻辑信号连接、RS-485 服务通信方式连接和 CAN 总线通信方式连接。可以任意使用其中的一种方式，但不能同时使用这三种方式。

逻辑信号连接方式为传统的连接方式，在实际使用中被证明稳定可靠，但连接信号线多。

RS-485 方式连接信号线少，但显示不实时，并且存在关键设备出故障影响一大片的问题。

CAN 总线方式连接信号线少，显示实时，设备故障互不影响。采用 CAN 总线方式通信需要开发 CAN 接口控制器，此控制器为顶棚向导通用控制器，支持三路逻辑信号输入，支持 RS-232、RS-485、CAN 通信，带掉电保存功能存储器，用于存储系统参数和显示状态。

6.4.3 系统结构

顶棚向导系统组成框图如图 6-5 所示。

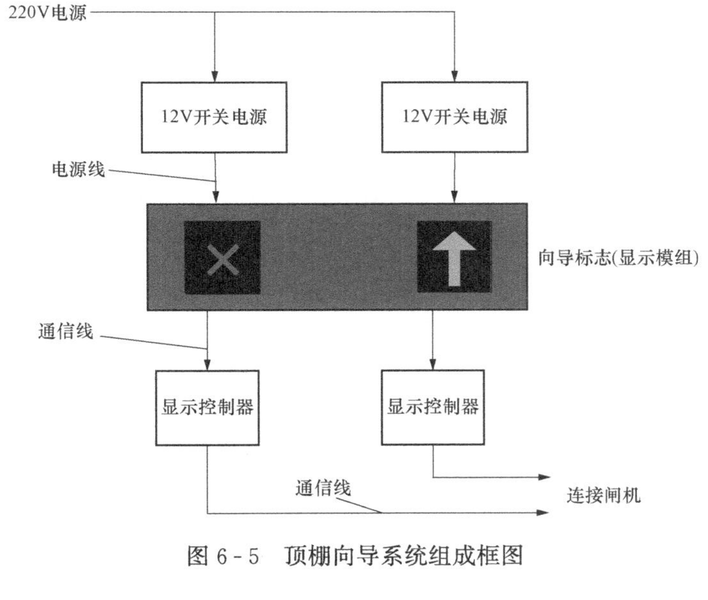

图 6-5 顶棚向导系统组成框图

顶棚向导装置由显示模组、显示控制器及开关电源等组成。

显示模组通常是 LED 灯，有红色和纯绿色两种延时。

显示控制器具有 RS-485 接口，通过 RS-485 通信方式来接收显示数据，RS-485 接口为半双工方式。显示控制器具有开关量输入信号接口：进站信号（pull-in）、出站信号（pullout）和公共端（com），采用继电器型开关量输入，不超过 24V，可控制双面顶棚向导。

7 车站计算机

车站计算机系统（station computer system，SCS）部署在车站内。车站计算机系统是确保自动售检票系统稳定运行的重要环节，在路网环境中不但承担着承上启下的重要作用，而且还具有“孤岛”运营和管理的处理能力。

7.1 车站计算机系统

7.1.1 概述

自动售检票车站计算机系统设置于车站的车控室内，由车站操作员控制计算机（SOC）、车站网络计算机（SNC）、网络设备、紧急按钮、不间断电源（UPS）和打印机等设备组成。

7.1.2 功能描述

车站计算机系统的主要功能是负责采集本车站范围内的售检票交易数据、设备状态数据和其他运营数据，监视终端设备的运行状态，同时，将车站内的各种票务数据和设备状态等上传到线路中央计算机系统；接收线路中央计算机系统下传的票务参数、运行参数和运行模式命令等，根据需要向单个或一组终端设备下达运营参数和设备控制命令。

车站计算机系统的业务功能包括票务管理、收益管理、设备管理、设备控制、运营参数下载等。

车站计算机系统，主要负责以下工作。

1. 设备管理

设备管理功能包括设备状态监控、设备运行控制和设备维护管理等。

车站计算机系统实时监控整个车站自动售检票系统设备（包括车站计算机设备、终端设备）和网络运行情况，具有系统自诊断、设备控制和故障警告等功能。

在设备监控的图形界面上，操作员可任意选择需要控制的设备，下发控制命令或选择相应设备进行基础数据（如设备编号、组号）设置，实现设备维护及维护信息的录入、更新和查询等功能。

2. 数据管理

数据管理功能主要包括数据交换、数据查询和统计、运营数据批处理和报表管理等功能。

车站计算机系统采集和储存车站终端设备的车票交易数据、寄存器数据、状态数据、收益管理数据及维护管理数据等，并上传给中央计算机系统。

对本车站的客流、车票和现金收益进行统一管理，进行报表统计分析、相关业务查询和报表打印等操作。

3. 运营管理

运营管理功能包括运营参数管理、运营参数管理、权限管理、时钟同步、紧急状态管理等功能。

(1) 运营参数管理。整个自动售检票系统的运行方式是基于运营参数设计的，运营参数管理对整个系统的稳定运行非常重要。车站计算机系统负责车站系统参数的维护和系统运作模式的控制。

车站计算机系统负责接收和储存中央计算机系统下达的各类运营参数和控制命令，并下传至车站终端设备。一般情况下，车站计算机系统不支持编辑或修改参数文件，以保证整个系统内参数的一致性，但可查询各参数内容。每天运营开始之前，车站计算机系统将自动查询及同步本站设备的所有运行参数，对无法同步参数的设备，车站计算机系统将给出报警信息。

(2) 权限管理。为防止无权限的工作人员进入车站计算机系统，车站计算机系统具有用户和权限控制机制，保证具有相关操作权限的人员实施操作。

车站计算机系统的操作员都有自己唯一的编号及操作密码。操作员的编号、密码和使用权限由中央计算机系统统一设置，具有一定操作权限的操作员登录车站计算机系统后，只能访问授权之内的功能。

操作前，操作员必须先登录，只有通过身份验证的操作员才能获得相应授权使用车站计算机系统，如果操作人员登录后，一定时间（按照参数设置）内无操作将被自动注销。所有操作员的登录及注销信息都被记入操作日志，并向中央计算机系统发送相应的信息。车站计算机系统按照参数的设定，限制登录尝试次数，防止恶意入侵。

车站计算机系统记录操作人员和维护人员在各种设备上的登录和注销操作，并提供查询功能，还可按照操作员号统计现金收入、更换钱箱数及维护记录等。

(3) 时钟同步。时钟同步功能保证了整个车站内时钟系统的同步运行，而且保证与其他车站的时钟同步。车站计算机系统在接收中央计算机系统同步的同时，在规定时间间隔内与车站终端设备进行时钟同步，超过参数设定的差异将被记录在日志中，并将相关状态上传到中央计算机系统。

当车站计算机系统启动、车站终端设备启动或在运行开始和结束时，车站计算机系统将自动进行系统时钟同步和校正。

(4) 紧急状态管理。当车站出现紧急情况必须要强制疏散客流时，车站系统需要进入紧急状态。进入紧急状态模式的方式如下：

1) 车控室值班人员按下紧急按钮。

2) 通过操作车站计算机系统，下发命令控制车站工作为紧急模式。

3) 车站防灾系统给出联动信号。

4) 中央计算机系统下达系统控制命令。

当车站系统进入紧急模式时，设备按照紧急状态的规则运行。所有进、出站检票机将门打开、三杆垂直落下，乘客不需要使用车票就可方便地离开车站；所有的自动售票机、加值验卡机等将自动退出服务，同时做报警记录；可按照系统参数设定，允许紧急模式下未被处理的车票在一段时间内可继续使用。

7.2 系 统 设 计

7.2.1 设计指导原则

车站计算机系统是一个集控制和票务信息管理于一体的综合管理应用系统，在设计指导原则上遵循以下八个原则：

(1) 先进性：需要保证车站计算机系统的设计生命周期。

(2) 灵活性：能适应车站内部终端设备的部署和调整。

(3) 成熟性：所选用的各种设备、系统软件、第三方中间件、应用软件、网络链接和终端设备都需要具有成功应用案例，并得到业界赞赏。

(4) 可用性：关键设备的配置，如车站计算机的关键易损部件磁盘、电源和风扇可考虑冗余，由于车站计算机及其应用系统可“孤岛”运行，其可用性技术指标一般为99.9%，因此考虑通过在线镜像备份的技术方案实现车站计算机的故障备份。在车站计算机的配置方面需满足实际数据量处理和管理方面的要求，并留有一定的扩展空间，以便当车站计算机的处理性能不能满足使用要求时，可方便地通过垂直拓展的方式提升车站计算机的实时处理能力。

(5) 可管理性：设计和实现的车站计算机系统要求结构体系简单、操作界面友好，能实时提醒维护人员执行必要的操作，充分兼顾车站维护人员的业务能力，可管理性好。

(6) 标准化：车站计算机系统的设计、研制和集成必须充分遵循产品、接口标准化的技术标准，以利于今后运行维护和扩展。

(7) 容错：在车站计算机系统的设计中，需要考虑各种设备的通信中断容错、数据对象容错、交互容错、资源容错、系统容错和电源容错。

(8) 安全：计算机应用系统的安全具有共性，车站计算机系统的安全设计和实现，同样需要考虑接入安全、系统安全、数据安全、访问安全和安全管理。由于车站计算机系统的自动售票机、半自动售/补票机和自助式验卡/加值机直接涉及现金收入，因此运行维护安全及现金保管和解缴制度安全比路网中央计算机系统显得更为重要。同时，车站计算机系统也是各类自动售/检票终端设备的接入场所，所有的交易数据将由接入的自动售/检票终端设备生成，因此设备的接入授权和认证显得尤为重要，以避免欺诈交易数据发生。

7.2.2 处理性能设计

车站计算机系统一般需满足下述处理和性能要求。

(1) 满足7×24h的运行要求，系统可用性应达到99.9%。

(2) 车站计算机具备每日处理不少于10万～20万客流（25万～50万笔交易数据）的能力，至少可联机存储30天的运营数据。

(3) 在通信正常情况下，车站终端设备的故障信息应可在设定时间内（如2s）主动上传给车站计算机。

(4) 车站计算机可轮询采集或收集车站终端设备的交易数据和状态数据，轮询或收集周期可设定，如1min。

(5) 车站计算机能实时查询车站终端设备的状态数据，可在5s内下达查询命令，并接收返回及显示查询结果。

(6) 车站计算机系统能即时查询15min以前的客流及交易统计报表。

车站计算机系统的可用性评价与中央计算机系统的可用性评价准则类似，即使用连续正常运行时间评价。车站计算机系统的处理性能及储存性能的设计，可参考中央数据处理系统性能分析的方法自行进行分析。

车站计算机系统与终端设备之间进行数据交换的性能主要取决于车站网络的设计和应用软件设计。对于车站网络采用以太网技术组网，一般要求100Mbit/s传输速率到每台自动售/检票终端设备。要满足上述性能要求，需要车站计算机和终端设备的操作系统选择支持多任务的操作系统，在应用软件设计上建议采用多线程（或多进程）并发处理的方式，以达到上述的性能指标要求。如果车站网络仍然采用比较传统的总线方式，由于通信传输速率低，要达到上述性能指标，还必须要对车站设备进行分组处理，以保证每条传输总线不会连接过多的设备；同时，在车站计算机上需配置对应多端口的接入适配卡，使车站计算机可同时访问多条总线上的设备，以提高处理效率。

7.2.3 主要设备选型原则

车站计算机系统中使用的主要设备包括计算机设备、网络设备、UPS和打印设备等。各种设备的选型需要兼顾以下原则：

(1) 可靠性原则。保证整个系统的可靠性指标满足系统建设要求，可适应轨道交通车站内特殊的环境要求。

(2) 安全性原则。保证系统运行安全。

(3) 可扩展性原则。设备本身可扩充升级或可通过扩展设备实现系统功能及性能升级，支持开放式接口。

(4) 标准化原则。尽可能选用通用型设备或符合国家标准的产品。

(5) 经济化原则。

7.3 系统实现

车站计算机系统的实现，一般包括下述六方面设计内容的完成：

(1) 车站计算机及其应用系统。

(2) 工作站及其应用软件。

(3) 终端设备，包括自动售票机、半自动售/补票机、进/出站检票机和自助式验票机等。

(4) 网络系统，包括网络布线、网络设备、网络链接、网管和虚拟子网设置等。

(5) 不间断稳压电源系统。

(6) 车站计算机系统联调与测试。

车站计算机可选择具有双CPU插槽的PC服务器或工控级PC服务器，内存不宜少于1GB，具有多个硬盘插槽和磁盘阵列卡，支持RAID 0/1/3/5存储策略；宜配置双电源、双网卡和双风扇，并可安装内置磁带驱动和DVD-RW驱动。

操作系统宜选择Linux或Windows Server和关系式数据库管理系统。

开发语言宜使用Linux C++或MSVC++。

7.3.1 工作站

车站计算机系统的票务和操作工作站可选用工业标准的 PC 机，一般要求内存不少于 512MB、硬盘不小于 40GB，并至少配有 100 Base Tx 网卡和 CD-ROM。

操作系统可使用 Windows XP。

开发语言可使用面向对象的程序设计语言。

7.3.2 终端设备

终端设备由专用部件和控制部分组成。建议控制部分采用工控级单板机或 PC 机，通过嵌入式系统技术完成整个控制和处理程序的开发，以保证终端设备的运行稳定性、可靠性、安全性、正确性和效率。

7.3.3 紧急按钮

紧急按钮是一种独立于车站计算机的装置，通常安装在车站控制室或站台上，配备有防止误操作的装置，外壳坚固，颜色通常为红色。紧急按钮为带锁按钮，按下时自动锁定，进入紧急状态，解除紧急状态时需要先旋转按钮解除锁定后才能释放按钮，退出紧急状态。

“紧急信息”用软硬兼施的两种方法，即车站计算机系统的“紧急信息”和紧急按钮采用硬线直接控制方式。

车站计算机正常时，能通过与紧急按钮之间的连线监视紧急按钮的操作情况，并将车站进入紧急模式的信息传送给中央计算机。当紧急情况发生时，操作人员可用最短时间通过紧急按钮使本车站系统处于紧急模式，紧急按钮的报警信号可反馈到车站计算机，通知车站计算机当前的按钮状态，与车站计算机系统联动控制其他相关设备，触发车站全部联网终端设备在 2s 内全部进入紧急模式，所有检票机自动开放，其他设备退出服务。紧急按钮复位后，所有设备方可恢复正常模式。

紧急按钮的功能如下：

(1) 用于紧急模式的设置和取消。

(2) 接收防灾报警系统或综合监控系统联动信号，并支持手动或自动方式；可为门禁系统等提供联动信号。

(3) 紧急按钮下后有缩进装置，并有声光报警。

7.3.4 网络系统

车站计算机系统与车站终端设备通过车站网络连接。常用的网络技术是以太网技术和总线技术。车站计算机通过网络链接设备与本站各终端设备相连，通过路由设备与线路中央计算机系统或中央数据处理系统通信连接。

7.3.5 不间断稳压电源系统

不间断稳压电源系统需要支持一定时间的后备供电，并支持简单网络通信，能通知关键设备自动卸载系统和关机。

7.3.6 系统联调与测试

当车站计算机系统的所有设备安装到位和网络跳级完成后，应对整个系统进行联调与测试，以确保车站计算机系统能正式投入生产使用。

7.4 车 站 网 络

7.4.1 车站组网方式

车站计算机系统与车站终端设备通过车站网络连接。常用的网络技术是以太网技术和总线技术。车站计算机通过网络链接设备与本站各终端设备相连，通过路由设备与线路中央计算机系统或中央数据处理系统通信连接。

从局域网组网发展技术来看，至少有下述三种主要的组网方式可用于车站计算机系统运行环境的组网设计。

(1) 工业控制 CAN 总线网。控制器局域网络（controller area network，CAN）是传统的控制工业设备的组网方式，由研发和生产汽车电子产品著称的德国 BOSCH 公司开发，并最终成为国际标准（ISO 11898），是国际上应用最广泛的现场总线之一。其优点是被控制设备组网采用串接方式（即总线方式），施工简单、成本相对较低，在以太网组网标准问世之前，是唯一的组网方式，在传统工业控制系统中得到普遍应用；缺点是传输速率低、容易掉包及串接中的某台设备故障将直接影响整个局域网的正常运行。

(2) 星形以太网。自 20 世纪 90 年代初以太网组网标准及其技术问世以来，通过星形以太网标准和技术组网被普遍采纳。其优点是布线方便，支持 4 对非屏蔽双绞线、4 对屏蔽双绞线、铜轴电缆和光缆的混合布线，支持多种通信协议，支持数字、语音和数字视频三网合一传输，传输性能稳定和易扩展，可在不影响系统其他设备工作的情况下，非常容易地增加和减少设备；缺点是当传输通道或某链网设备发生故障时，会直接中断该通道或该设备下级链路的所有通信传输。

(3) 星环形以太网。从 21 世纪开始，结合星形和环形布局的以太网组网技术在工业控制和自动售/检票车站计算机系统中逐渐受到青睐，并得到实际应用，优点与星形以太网一致。但在星环形以太网组网中，由于所有连接的网络设备均通过环网串接形成环，当某段通信缆或某台网络交换机故障时，只影响该台网络交换机连接的终端设备的通信传输；缺点是组网造价比星形以太网方式高。

车站计算机系统与线路中央计算机系统，或者与路网中央计算机管理系统的通信连接采用路由链接实现，以屏蔽车站计算机系统和避免“广播风暴”、增强车站计算机系统与线路中央计算机系统的传输效率和网络应用安全。

7.4.2 车站网络性能设计

车站计算机系统的网络性能设计通常要求汇聚层交换机具有路由和 VLAN 功能，保证车站计算机系统与线路中央计算机系统通过路由交换数据以屏蔽车站计算机系统，提高与线路中央计算机系统的通信效率和子网安全。VLAN 功能可划分设备区以保证通信效率。

现场设备层网络交换机至少具有 2 层交换功能。

7.5 外 部 接 口

7.5.1 中央计算机系统接口

车站计算机系统与中央计算机系统之间的接口可划分为物理接口和数据接口。物理接口采用标准的网络接口，分别接入车站通信机房和控制中心通信机房的自动售检票预留窗口，利用通信系统提供的通信通道完成数据交换。数据接口主要包括通信规程和通信报文格式等内容。数据接口定义了数据交换的形式、内容、格式等。数据接口的设计是系统设计的核心内容之一。

车站计算机系统与中央计算机系统的通信报文主要类型包括：①运营参数；②控制命令；③上传数据；④通知/消息；⑤管理信息。

通信报文通常包括报文头和报文体两部分。报文头对所有的报文是一致的，主要包括报文类型、通信控制信息、报文长度等内容，报文体根据不同的报文类型进行定义。

7.5.2 终端设备接口

车站计算机系统与终端设备之间的物理接口根据车站网络的形式确定，一般可采用DB9、DB25或RJ－45等形式连接。

车站计算机系统与终端设备的数据接口和车站系统与中央计算机系统的数据接口报文格式是类似的，如果车站网络采用以太网形式，也可采用类似的通信规程。

车站计算机系统与终端设备的接口还包括紧急按钮信号接口。为保证紧急状态控制的可靠性，紧急状态除可由车站计算机系统通过车站网络发布外，还应当采用专用的物理线路传输紧急按钮的开关信号，各种终端设备应可接收和处理紧急按钮信号。

7.5.3 与其他系统的接口

轨道交通是一个复杂的系统工程，作为机电系统的一部分，自动售检票系统与轨道交通中的各系统都设有接口，主要包括以下几种：

(1) 与土建及装饰专业的接口。土建及装饰专业负责提供设备用房、设备安装条件等。

(2) 与供电系统的接口。供电专业负责提供自动售检票系统使用的电源，通常包括双路供电切换功能，如果供电专业不提供双路切换，自动售检票系统需配置专用的双路电源切换箱用于完成电源切换。自动售检票系统还需要根据车站供电系统的配置决定是否需要配置车站UPS。另外，供电专业需要提供统一的接地接口用于自动售检票系统内所有设备的接地。

(3) 与通信系统的接口。自动售检票系统需要使用通信系统提供的接口实现中央计算机系统和车站计算机系统的通信，包括接地桩头。

(4) 与防灾系统的接口。防灾系统将提供一路联动信号用于自动售检票系统的紧急状态控制。

(5) 与其他系统的接口。自动售检票系统可向乘客导向系统、综合监控系统、门禁系统等其他系统提供需要的数据或物理接口。

8 中央计算机系统

中央计算机系统是轨道交通自动售检票系统负责路网（或线路）运营管理的主要信息管理系统。中央计算机系统接收车站计算机系统及终端设备上传的各种数据，建立全路网（线路）自动售检票数据库，进行客流、票务统计及财务处理，中央计算机系统对各类运营参数进行管理，并下传至各个终端设备，以保证轨道交通的有序运营。中央计算机系统生成各类相关报表，为系统的运行管理和决策提供依据。

轨道交通自动售检票系统的中央计算机系统是一个架构、功能和部署相对灵活，主要用于自动售检票系统运营管理、票务交易汇集、交易分类统计、统计数据核对、票务业务报表、客流分析、相关票款账务和运营参数管理等方面管理的综合信息管理系统。

8.1 概　　述

中央计算机系统（central computer，CC）分为票务清分中央计算机系统和线路中央计算机系统，分别安装在票务中心和各线路控制中心内，用于不同的管理和控制目的。

票务清分中央计算机系统主要负责对各线路上传的 AFC 数据进行汇总、分析处理和传送，确保实现各运营线路的独立核算；对运营网络内各线路中央计算机系统下传清分数据、黑名单、费率表等；能根据预置的程序对各类优惠政策的数据和与其他城市公共交通工具接驳的相关数据进行统计分析和传输。

线路中央计算机系统是线路自动售检票系统的管理控制中心。线路中央计算机系统与各车站计算机系统进行通信，可自动采集全线路自动售检票系统的交易数据和设备运营状态信息，进行财务和客流统计；线路中央计算机系统能向车站计算机系统下传费率表、优惠表、黑名单及其他参数和控制命令至各相关终端设备。

线路中央计算机系统将需要清分的信息上传给清分系统，接收清分系统下传的清分数据、黑名单、费率表等数据；实现系统数据的集中采集、统计及管理，实现系统运营、收益及设备维护集中管理，实现对本线路自动售检票系统内所有设备的监控。

线路中央计算机系统有备份和恢复功能及灾难恢复功能。

1. 中央计算机系统的组成

中央计算机系统由若干台服务器、磁盘阵列、磁带机、工作站（包括系统管理工作站、数据管理工作站、网络通信管理工作站、参数下载工作站、票卡管理工作站、设备监控工作站、报表查询工作站、中央及远程维修工作站）、千兆交换机和路由器等局域网设备、打印机、不间断电源及编码机等组成。

2. 中央计算机系统的基本功能

(1) 收集及保存车站计算机上传的各类有关票务、账务、客流等数据。

(2) 监视和控制所有车站设备的运行状态，收集及保存车站设备运行状态数据。

(3) 按照设定的周期（日、月、季、年）处理和统计收集到的各类数据，生成相应的各类报表。

（4）管理中央计算机与公交“一卡通”及手机钱包等清算系统的数据通信。

（5）管理中央计算机与车站计算机或远程工作站的通信。

（6）管理车票编码/分拣机及发卡机的票卡发行工作。

（7）设置系统运营参数及系统运行模式，并下达给车站计算机和车站设备。

（8）自动生成、管理及维护黑名单。

（9）实现设备故障统计及维修管理。

（10）系统时钟的同步管理。

（11）系统权限及安全管理。

（12）现金收益与对账管理。

（13）资料统计分析及决策支持管理。

（14）数据库维护与系统网络管理。

（15）提高车站设备层或客户工作站的相关信息查询服务。

8.2 设 计 原 理

中央计算机系统是自动售检票系统的核心部分，中央计算机系统的设计基本上确定了自动售检票系统的架构、处理能力和基本功能。中央计算机系统的设计通常需要确定设计原则、系统架构、运行环境、业务处理模式及系统接口。

在轨道交通自动售检票系统的中央计算机系统设计时，应考虑其系统的特点。

（1）可用性要求高，能持续 7×24 h运行。

（2）实时性、可控制、自动化程度高，所有关于运营管理的控制参数、票务参数、软件版本、紧急/降级模式和操作权限等均可通过中央计算机系统进行统一管理、下发、审核和监控，并通过车站计算机系统实时（如 5s 内）下发至各终端设备，终端设备可根据下发的相关参数或指令自动调整运营、通信或票务处理方式。

（3）信息量大，线路的自动售检票系统内部网络每天传输的数据量高达 20 GB 左右，并且分三个层面流动，即自动售检票终端设备→车站计算机→线路（或区域）中央计算机系统，其中，票务交易数据根据系统架构还需从线路（或区域）中央计算机系统→轨道交通票务清算中心或自动售检票路网管理系统。

（4）信息安全性要求高，所有在自动售检票内部网上传输、存储的数据基本是涉及系统运营管理、费率表、通信、应用软件、设备状态和处理（如各种运营参数、票务处理指令、费率表/优惠率），或者涉及金额（如售票/卡、充值、出站和补票等）的票务交易。其中，对每笔票务交易均严格要求不能被篡改、伪造或删除，并能合法检验和使用轨迹查询。

（5）联机数据需做周期循环备份，因为处理和存储资源有限，整个自动售检票系统联机产生和存储的各种数据都遵循周期内联机存储、周期外数据脱机备份的存储方式以缓解存储资源和处理资源的压力，使系统满足稳定、可自动持续运行的技术特点，使系统具有可使用性和可操作性。

8.2.1 设计原则

设计和实现中央计算机系统一般应遵循以下原则。

1. 先进性

由于中央计算机系统具有较长的生命周期，因此，在系统总体设计时，应在本地系统架构设计上具有一定的领先性，以适应未来一段时期内的业务发展需求。同时，在体系架构实现上也需要对目前难以预见的需求提供必要的扩展性。

系统的先进性并非指简单的最新设备和技术的堆叠，而应该从体系结构上，系统架构以系统工程的原理、概念和知识进行系统设计。系统架构的设计包括运行环境和应用软件架构两方面的设计，在应用软件架构方面的设计强调软件系统可复用性，要求软件系统具有组成逻辑清晰、结构简单和可控性强等技术特点。不遵循最先进就是最好的通俗设计原则，始终应遵循最合理、最好用、最可靠和最具扩展性的系统架构设计原则，充分发挥设备（包括系统软件和应用软件）的整合优势，使设计和实现的系统能达到预期的处理性能、处理功能和可靠性，并满足系统生存期的应用需求。

2. 灵活性

中央计算机系统可用于路网各线路售检票的自动化运行管理，由于路网线路可能增加、延伸、维修或站点部署调整，因此，在中央计算机系统设计时要考虑到实际线路管理的增加和可调整。

3. 成熟性

中央计算机系统的实施要采用成熟的信息技术、设备和软件，同时需符合轨道交通自动售/检票系统的实际业务管理和应用需要。

4. 可用性

可用性由下述三方面的技术要求组成：

（1）无单点故障，即在任何故障情况下，系统都能正常满足业务处理要求。

（2）可持续正常运行时间达 99.9%、99.99%或 99.999%，即在一年内允许非计划内宕机的时间分别为 525.6、52.56min 和 5.256min。一般要求中央计算机系统的可用性达到 99.99%的技术指标，需提供冗余设备或冗余系统才能保证。同样，对持续运行时间达到 99.9%的车站计算机系统，在一年中也只允许非计划内的宕机时间不超过 8h45min。

（3）系统处理性能可伸缩。随着处理数据量增加和新应用功能增加，系统面临软件升级和硬件扩展的需要。关于硬件扩展，即系统处理性能扩展，有两种技术方案可被采用：

1）系统垂直扩展。即在不改变系统体系结构的前提下，通过增加硬件设备配置提高系统处理性能。垂直扩展风险小、易实现，难度是需预留系统的扩展“空间”。

2）系统水平扩展。即在改变系统体系结构前提下，通过增加硬件设备提高系统处理性能。水平扩展风险大、较难实现，方便的是在系统设计和实现的第一阶段只需考虑目前的需要。

考虑到轨道交通自动售检票系统是一个实时运营系统，一般须留有一定的系统垂直扩展能力。随着系统的发展，在系统垂直扩展完成后，通过增加适当的设备，调整应用系统运营的分布，可延长自动售检票系统的生命周期。

5. 可靠性

可靠性通常是指单台设备内部部件发生故障时，设备能继续工作的概率。目前，在高档网络设备、Unix 服务器或存储系统上，单台设备的可靠性均已超过 99.9%。

可靠性的另一个方面是指系统软件和应用软件。通常，对于系统软件和应用软件应具备基本的自诊断/自恢复能力或故障报警能力。

6. 可管理性

中央计算机系统将提供整个自动售检票系统网络通信端口的监控和管理功能，能远程实时诊断网络连接端口的运行状况，检测通信数据流量，并给予适当的控制和调整，同时能以图形显示网络连接拓扑结构和各端口运行状况。对操作系统和数据库管理系统将提供图形化的人机管理界面，方便系统操作和维护人员实时地监控系统的运行状况，并给予必要的调整等。

系统日常维护和应用软件必须提供友好的人机操作界面或提示界面，并符合轨道交通自动售检票业务的需要，方便操作人员使用。其所选用的操作系统、数据库管理软件和相关第三方软件产品的整合及其性能和可靠性需要有成功案例，并符合轨道交通自动售检票运营管理的实际应用需要。

运行管理体系是保证系统正常、安全、稳定运行的技术基础。系统必须为系统的日常运行和维护提供可操作性、可管理性，并需考虑降低运行维护成本。

7. 标准化

使用标准化的系统设备，有利于促进国产化的发展，同时提高维护的便利性。

8. 容错

容错是指对处理过程中数据对象异常情况的处理。在轨道交通自动售检票系统中，一般应具有以下几种容错处理功能：

（1）通信中断容错。为保证被传输数据的完整性，当通信恢复后，需保证断点数据再次被完整上传，接收端能自动判别断点数据，并对收到的数据进行完整性检查，以保证通信双方的数据一致。

（2）数据对象容错。由不可预期因素造成数据记录格式的“漂移”、数据项残缺或数值溢出等将直接导致处理软件异常，甚至造成相关应用系统中断，影响整个系统的正常运行。因此，对任何面向数据对象的处理程序，需具有异常数据处理的方法，以保证系统的正常运行。对出错数据，系统应提供查询、跟踪和纠错的相应处理方法。

（3）交互容错。针对人 - 机交互界面中的错误选择或输入，系统应提供联机提示和纠错，以帮助操作员正常完成交互操作。

（4）资源容错。通过预先设定阈值的方法，对系统的资源，尤其是磁盘空间资源进行自动监测，当某资源使用率接近预设阈值时，系统能通知值班人员或维护人员进行维护。

（5）系统容错。可在系统的可用性设计中得到体现。

（6）电源容错。关键设备必须两路进电且自动切换，当两路进电都被切断时，不间断稳压电源系统能在设定的时间范围内后备供电，当后备供电时间达到设定时间后，不间断稳压电源系统能通知关键设备自动正常宕机，保护系统避免因突然断电而造成不可预期的故障。

9. 安全

安全是个泛义词，需要针对实际对象和防范目的分而治之。对轨道交通自动售检票系统，一般需考虑下述五方面的安全设计。

（1）接入安全。接入具有双向性，中央计算机系统、线路（或区域）中央计算机系统、车站计算机系统和各种终端设备都有安全接入的要求，禁止非法接入是自动售检票系统能正常、安全运行的保证。在自动售检票路网结构体系的五个应用系统层面中都有不同的安全接入要求和标准，如终端设备与车票之间的数据交换需通过双向安全认证后才可进行。接入安全包括硬件和软件两个方面，硬件接入表现形式为设备的连接，软件接入的表现形式为非法应用软件或软件模块启动并运行。一般来说，数据欺诈（含攻击）和数据非法访问（含盗窃或破坏）分别是非法硬件和非法软件接入的目的。

（2）系统安全。系统安全一般指系统操作和配置安全，如操作系统和数据库管理系统的用户权限配置和资源配置等，成熟的系统软件产品一般都提供满足一定安全标准的系统安全管理功能。

（3）数据安全。数据安全主要体现在防泄漏、防篡改、防抵赖、安全存储及使用方面。在不同的应用环节，采用的数据安全策略及其防范方法不尽相同。例如，防抵赖技术可用于防欺诈，适用于合法终端设备生成的交易记录及交易记录在各系统层面的传输过程中。防泄漏和防篡改技术既可用于数据传输过程中，同样也可用于数据安全存储和使用过程中。

（4）访问安全。一般指应用系统的用户权限管理。不同用户可分配不同的应用权限，以限制其能通过触发执行的处理功能及对系统存储数据的访问。由于中央计算机系统是一个大型的计算机应用系统，通常可采用分布式并行处理系统架构设计和实现，因此，用户权限集中管理，并允许其单点登录、多点授权使用，是实现整个系统访问安全的关键技术之一。

（5）安全管理。大量事实表明，许多不安全因素来自组织内部，因此对任何一个生产现场实际应用的计算机系统来说，制订安全管理规则非常重要，设计人员应根据应用系统的架构、设备资源、软件部署和使用要求设计和编制系统安全管理规则，其中，包括安全维护守则等。

8.2.2 设计内容

中央计算机系统的设计包括路网系统架构的选择、系统接口的制订、清分算法的选择和系统对运行环境的要求。

1. 系统架构

依据路网中央计算机系统的业务处理模式，选择合适的系统架构和数据库系统，根据系统架构设计相应的计算机系统和应用软件。

2. 系统接口

依据自动售检票系统架构模型的层次，制订中央计算机系统与线路计算机系统，以及外部系统的接口，包括接口的连接方式和通信协议。

3. 清分算法

依据乘客在轨道交通中出行的信息，对票价收入进行合理、公平的清分，清分方式可以是精确的，也可以是模糊的。

4. 运行环境

由于中央计算机系统是轨道交通自动售检票系统的核心部分，系统对安全性和可靠性要求是非常高的，在选择安全和可靠的系统的情况下，须为系统运行提供舒适的环境，包括温度、湿度、电磁环境等，以及不间断的电源。

8.3 系统接口设计

中央计算机系统作为独立的票务处理、运营管理、资金清算与信息交互平台，在业务处理中与内、外部系统存在大量数据交换。系统接口设计的任务是明确自动售检票内部系统间（中央计算机系统与线路、线路与车站、车站与设备之间）接口方式和协议。中央计算机系统与外部卡清算系统的接口可遵循轨道交通与外部卡清算系统间磋商的接口协议。

针对中央计算机系统的定位和业务种类，系统接口可归纳为与外部系统接口及内部系统接口。

中央计算机系统的外部数据接口需符合中央计算机系统与外部卡清算系统双方约定的接口协议和通信传输规程，与银行系统的数据接口需满足银行系统的接口规范和通信规程。

中央计算机系统与车站计算机系统之间的数据接口协议应遵照相关设计标准。

中央计算机系统具有与线路中央管理（计算机）系统或与车站计算机系统直接通信的能力，并保证各系统之间能准确通信和交换数据。

上传给中央计算机系统的数据，必须按数据原型发送，不允许对交易数据做任何人为修改、增加或删除。在通信中断恢复后，能及时将未成功传送的数据重新传送。

8.3.1 系统接口

1. 与线路（或区域）中央计算机系统接口

中央计算机系统与各线路（或区域）中央计算机系统连接，接收交易数据、下传各类参数和对账报表数据。一般交换的数据内容有接收全部交易数据（包括轨道交通专用票和外部卡）、接收线路运营设备注册信息和相关参数信息，下传票务参数、对账报表、运营参数和运营模式等。

(1) 接收全部交易数据。接收全部交易数据，指中央计算机系统从各线路获取全部的交易数据，包括单程票的售票、消费，以及外部卡（如交通卡）售卡、加值、消费等交易数据，进行票务的清分清算。

(2) 接收线路运营参数信息。接收线路运营参数信息，指中央计算机系统通过接收设备注册资料、设备寄存器等数据、转发线路的运行模式等运营数据，对路网自动售检票系统进行运营管理及对自动售检票系统运行状况和业务指标进行监控等。

(3) 下传对账报表。下传对账报表，指中央计算机系统日终生成对账清分清算报表，并下发给各线路（或区域）中央计算机系统。

(4) 下传运营参数。下传运营参数，指中央计算机系统制订、维护、下发中央计算机系统拥有的参数，确保路网内自动售检票系统参数版本的统一和系统的稳定运行。

对于使用分级集中式架构的系统，非集中化管理的路网中央计算机系统应具有与轨道路网中各线路中央管理（计算机）系统的通信接口和相关信息报文的收、发处理功能。

中央计算机系统路网业务与线路业务之间的数据交换可能在一套计算机系统内，可能通过局域网连接，也可能通过传输系统连接，交换数据应遵循约定的技术规范和标准。

2. 与结算银行接口

通过结算银行接口，中央计算机系统接收结算银行的现金收缴凭证和发送拨款凭证。中央计算机系统能核对银行发来的现金收缴凭证与其收到的现金缴款明细资料，以及生成的对账报表进行核对，确保中央计算机系统与结算银行间的“账务一致”。

3. 与其他外卡系统的接口

在轨道交通与其他外卡系统之间存在相互兼容的需求时，最简单的解决办法就是通过定义通信方式和接口协议解决。轨道交通自动售检票中央计算机系统的各种交易数据，包括黑名单、对账报表、对账明细等都有可能与其他系统进行交换。

8.3.2 辅助系统接口

1. 中央计算机生产系统与灾备系统接口

灾备系统作为一个规避灾难性风险、建立和完善中央计算机系统整体运行机制的质量保障体系的机构，通过数据级、应用系统级的备份和制订灾备预案来保证中央计算机系统持续稳定运行。灾备系统接口定期获取中央计算机系统的交易数据、运营参数、应用系统源代码及执行程序版本等数据，以保持系统同步。定期同步的时间周期视需同步的数据类型不同而不同。

2. 中央计算机系统与传输系统接口

中央计算机生产系统借助传输系统实现与其他兼容系统的连接、与银行系统的连接、与线路的连接，连接方式随着传输系统的不同而不同，接口协议是双方约定并且不随传输系统的变化而变化的。实施时，根据需要或相关技术规范确定。

3. 中央计算机系统与时钟系统的接口

（1）时钟系统。为保证城市轨道交通 AFC 系统的准时启动运行，以及为乘客提供服务，需要对全线受 AFC 系统控制设备的时间标准进行统一设置，故有时钟系统。中央计算机系统从轨道交通通信系统的时钟系统获得标准时间，对整个自动售检票系统的时钟进行管理。

时钟系统一般采用全球卫星定位系统（globe position system，GPS）。时钟系统由 GPS 标准时钟信号接收单元、一级母钟、监控设备、二级母钟及子钟组成。GPS 标准时钟信号接收单元一般设于线路控制中心，接收卫星时间，分别向一级母钟的主、备母钟提供同步时钟源信号。

（2）时钟接口。中央计算机系统提供专用的接口用于与通信系统的时钟接口相连，时钟接口的方式遵照通信系统的接口要求进行。接口通常为串行接口。路网或线路中所有设备的时钟校对信息通过网络时钟协议 NTP 技术从中央计算机系统获得，并根据设定的容差限制自动执行时钟校对，以保持整个自动售检票系统的时钟同步。

4. 中央计算机系统与火灾报警系统的接口

在火灾发生时，火灾报警系统给生产系统一个信号，通知所有的检票机打开闸门，为旅客的疏散提供便利。接口方式可以是触发方式，也可以提供接口传输指令。若采用信息传输，协议和数据结构由双方确定。

8.4 信息处理功能

中央计算机系统可包含线路业务和路网业务，也可仅由线路（或区域）中央计算机系统组成，它们之间的主要差异体现在前者适合多线路并网自动售检票运营管理，后者则适合单线路自动售检票运营管理。

中央计算机系统的主要任务就是针对信息流按照业务进行分类处理，大致可归纳为数据处理、参数处理、信息汇总及应用和其他处理功能。

1. 数据处理

中央计算机系统主要针对票务数据进行采集和处理，以及对运营参数进行管理下发。采集（或汇集）的数据包括票务交易数据、设备状态和请求指令，下发的数据包括对账（结算）数据、运营参数和指令等。

2. 参数管理

系统参数管理的重点是管理、发布和审核系统参数。系统参数主要为了自动售检票终端设备自动执行票务政策的行为而配置的。

系统参数一般由车票类型、价目表、优惠率、交易类型、操作权限、黑名单等组成。系统参数的管理，包括系统参数的定义、生产和发布等都需要顶层管理系统的操作工作站通过人机界面交互产生。

3. 信息汇总及应用

信息汇总指对每日在路网自动售检票系统产生的各类交易数据，在一个结算日完成数据汇集、换乘清分和结算，以及需要的断面客流、OD（即交通出行量）客流、高峰客流的统计信息。同时，将这些明细数据、加工汇总数据从联机交易处理系统的数据库转存至数据仓库中进行进一步的挖掘、组织和提取，为轨道交通的运能分析、车辆配发和运行间隔调整，以及票价调整提供依据。

信息汇总包括信息统计、数据挖掘和各类报表生成。

4. 其他处理功能

（1）系统运营管理。中央计算机系统对系统运营进行管理。集中监控全路网各线路自动售检票系统的运行状况，并对整个自动售检票系统内所有在线设备进行控制；根据交易统计对客流实现准实时监控；对各类交易明细数据进行统计，并与收到的寄存器数据比较，生成差异报表。

（2）收益管理。中央计算机系统对自动售检票系统的现金收入进行管理，核算收益、清算对账。

（3）车票管理。中央计算机系统对车票进行编码管理、库存管理、使用情况跟踪及车票交易查询。

中央计算机系统监控编码机对已完成初始化的票/卡进行复制及分拣工作；对自动售检票系统内使用的车票进行全面跟踪；查询车票交易的历史明细记录。

（4）设备管理。中央计算机系统对全线的设备进行监控，记录每次故障发生的时间和故障信息（设备号、故障代码等）；记录维修人员的维修日志及各个操作用户及此用户的所有联机操作记录；对所有的自动售检票设备进行设置，完成对设备的添加/修改/删除等操作，设置设备的编号、属性及运行参数；对车站计算机、车站自动售检票设备、编码/分拣机、自动售检票设备中的读写器等部件及线路中央计算机子系统设备的软件进行管理和远程更新。

（5）操作员管理。中央计算机系统对整个自动售检票系统内的操作员进行统一管理。在中央计算机系统内，超级管理员可添加、修改和删除操作员记录，生成操作员个人密码（PIN），设置操作员权限。

（6）决策支持。中央计算机系统除可完成每日常规的客流及收益统计外，还可利用各种明细数据及统计数据完成各种数据分析，生成各种类型的数据分析图，包括车票使用情况、客流分析、收益变化、高低峰时段分析、节假日客流分析等，为运营管理决策提供有力的支持。

（7）时钟管理。中央计算机系统可通过通信系统的时钟系统获取标准时间，自动进行同步，在规定时间或启动时，依据通信系统的时钟校正时间，保持两个系统在时间上的高度同步。当中央计算机系统时钟与通信系统的主时钟系统的差异超过参数设定值，中央计算机系统将修正自身时钟，并在日志中记录时钟差异事件。

中央计算机系统根据校正后的时间，定时向车站计算机系统发布时钟同步命令，将标准时间信息下传至车站计算机。车站计算机系统和车站自动售检票设备将根据中央计算机系统的时钟修正自身时钟（如果差异超过设定参数），并返回相应的信息。如果车站计算机系统与中央计算机系统的时钟差异超过设定值，中央计算机系统将记录该故障事件。

在下列事件发生时将自动进行时钟同步。

1）中央计算机系统重新启动。

2）车站计算机系统及车站设备重新启动。

3）运营日开始。

4）通信故障恢复后。

5）参数设定的同步时间。

（8）结算日切管理。中央计算机系统在每个运营日结束之后对当日的运营状况进行统计，即为日切处理。对于24h连续运行的轨道交通线路，运营日是通过人为定义来分割的，即前一运营日的运营结束时间就是下一运营日开始时间。

日切处理的工作通常采用批处理的方式进行，对当日收到的各类数据进行一系列的整理、统计和分析操作，从而产生各种管理功能所需的手机和报表。

（9）系统管理及维护。中央计算机系统设置有系统管理子系统，为管理人员提供了规范化的系统监控、管理手段，监管内容包括主机CPU运行情况、磁盘使用情况、应用系统进程运行状态，以及数据库的表空间使用情况等。

系统管理人员可通过参数设置来定义监控项目、相应的报警条件和报警信息发布的目标计算机。

（10）操作终端。中央计算机系统能设置多个操作终端，以满足系统运作管理、票务管理、收益管理、决策管理及维护管理的不同需求。操作终端可通过参数设置成允许使用或禁止使用，使操作终端具备某种使用特性。

参 考 文 献

[1] 赵时旻．轨道交通自动售检票系统．上海：同济大学出版社，2007.
[2] 王子强．城市轨道交通自动售检票系统．北京：中国铁道出版社，2011.
[3] 广电运通金融电子股份有限公司．自动售票机作业指导书．广州：广电运通金融电子股份有限公司，2021.
[4] 三星数据系统（中国）有限公司．自动售检票系统．北京：三星数据系统（中国）有限公司，2015.
[5] 陈稀临．城轨自动售检票设备故障分析与处理．北京：北京市地铁运营公司，2013.